10대 아들을 공기업에 입사시킨
강남 엄마의 못된 자녀 교육법

10대 아들을 공기업에 입사시킨
강남 엄마의 못된 자녀 교육법

2023년 10월 20일 초판 인쇄
2023년 11월 1일 초판 발행

지은이 최윤주
책임편집 염희옥
펴낸곳 ㈜쓰임컴퍼니
주소 서울시 강남구 도곡로 17길 28
전화 0507-1313-8625
이메일 ssueimcompany@naver.com
인쇄·제본 새한문화사
ISBN 979-11-964845-3-8 03370

* 문서의 무단복제를 금합니다.
* 책 내용의 일부를 재사용하려면 반드시 ㈜쓰임컴퍼니의 동의를 얻어야 합니다.

10대 아들을 공기업에 입사시킨

강남 엄마의
못된
자녀 교육법

최윤주 지음

쓰임컴퍼니

CONTENTS

추천의 글	6
못된 엄마 교육법 5계명	12
프롤로그	18
I. 인생의 가장 중요한 프로젝트	29
어쩌다 결혼	32
아이를 품으며 엄마가 된다는 것	37
태교 일기	38
II. 자녀교육의 시작	57
유아기에서 초등학교까지	58
중학교 생활	77
III. 특성화고에서 취업을 위한 과정	101
In 서울에서 Out 서울로	102
고등학교 때 사회인이 된 아들	109
자격증의 왕이 되다	113
합격을 위한 자소서	119
아들의 시선	125
IV. 부모에서 다시 나로	136
진정한 자녀의 독립을 위한 부모의 준비	137
자녀교육	140
노후 준비	145
엄마가 아닌 나로 살기	151
나의 자화상	163
내게 찾아온 변화를 담대히 받아들이기	165
에필로그	169
참고문헌	172
감사의 글	173

추천의 글 1

　대한민국 엄마로 산다는 것은 정말 힘든 삶입니다. 대단한 용기가 필요한 Out 서울!
그 용기는 자녀 스스로 진로를 선택하고, 10대라는 어린 나이에 공기업 입사라는 꿈을 이루게 했습니다.
그 엄마와 그 아들의 이야기가 생생하게 녹아있어서 마음이 따뜻해짐을 느끼게 됩니다.

경상북도교육청 김현광 정책혁신과 과장

추천의 글 2

 이 시대는 '못된 엄마'를 필요로 하지 않을까요? 자기 주도적이고 창의적인 융합역량을 지닌 사람은 어떤 사회적 변화에도 대응하고 잘 적응할 수 있습니다. 과잉보호와 분별없는 사랑을 하는 것이 '착한 엄마'의 역할이라고 여기는 이 시대의 엄마들은 결국 우리 아이를 스스로 설 수 없게 만들 것입니다. 역발상! 기존의 틀을 과감하게 깰 수 있었던 '못된 엄마' 최윤주 박사에게 박수를 보냅니다. 그리고 엄마와 아들의 역사를 담아낸 이 책의 출판을 진심으로 축하드립니다.

세종국제교육(SIA) 이사장, 숭실대학교 이경화 명예교수

추천의 글 3

우리는 부모로서 어떤 길이 옳다고 여기며 살고 있을까요? 매스컴에서 이슈화되고 있는 것처럼 자식을 과잉보호하면서 부모 스스로 옥죄고 있는 것은 아닌지 생각하게 됩니다. 이 글은 단순한 자녀교육의 이론적인 방향 제시가 아닌, 자녀를 키우며 보낸 긴 시간의 고민과 그 과정에서 서로의 길을 찾기 위한 삶의 철학이 묻어 있습니다.

동국대학교 기술창업학과 전병훈 교수

추천의 글 4

　모든 부모님은 자녀를 사랑하지만, 그 사랑을 자신의 방법으로 실천하려는 용기를 내기란 힘든 세상입니다. 일명 못된 엄마! 세상의 친절하고 멋진 교육자원에 아랑곳하지 않고 자기 멋대로지만 찐한 사랑을 가졌기에 나오는 자신감! 자녀를 신중히 보고 가장 좋은 것을 주려는 엄마의 이야기가 새롭고 의미 있게 들려옵니다.

성균관대학교 초빙교수 장지은 박사

추천의 글 5

 자녀를 키우면서 자신의 삶을 준비하는 것은 신앙을 가진 부모든 그렇지 않은 부모든 모두 공감하는 내용일 것입니다. 다음 세대를 세우는 일과 자신의 이야기를 통한 자녀교육, 부모의 삶에 충실하기, 그리고 신앙인으로서의 고민이 담긴 이 글이 많은 분들의 삶에 큰 도움이 되기를 바라며, 기쁜 마음으로 추천합니다.

예천교회 김영수 목사

추천의 글 6

 자식을 부모라는 울타리 안에서 가두거나 성급하게 판단하지 말자고 세상을 향해 경종을 울리는 내용입니다. '점프 업 프로젝트'의 첫 단계를 이룬 못된 엄마, 최윤주 교수님! 축하합니다.

안동 가톨릭 상지대 김만수 교수

못된 엄마 교육법 5계명

1. 못된 엄마는 아이가 무언가를 간절히 바랄 때까지 기다리는 현명한 무관심이 있어야 합니다.

아이가 바라기도 전에 부모가 먼저 그 요구를 다 들어준다면, 아이는 나이가 들어서도 모든 것을 다 쉽게 가지려 할 것입니다. 이는 자신의 욕구를 충족하지 못했을 때 밀려드는 상실감을 스스로 감당하지 못할 수도 있게 된다는 것을 의미합니다. 어려서부터 참을성을 가지고 본인이 원하는 것을 조금씩 성취하도록 그 과정을 부모가 옆에서 지켜보는 것만으로도 아이에게는 큰 힘이 됩니다. 자녀를 방치하는 것이 아니라 현명하게 무관심할 때도 있어야 그 아이가 진정한 독립의 시기를 알고 준비할 수 있다는 말입니다. 자신의 미래를 준비하는 방법을 스스로 찾을 수 있도록 부모는 믿고 기다려주어야 합니다.

2. 못된 엄마는 교육 트렌드에 역행할 수 있는 감각과 용기가 있어야 합니다.

세상에는 다양한 교육 방법이 있습니다. 부모들은 교육 트렌드에 맞추고 실천하기 위해 자녀교육에 많은 에너지를 투자합니다. 그 투자는 숫자로 표현될 수 없는 사랑과 관심일 수 있고, 자본력일 수도 있습니다. 정말 아이에게 맞는 교육을 위해서라면 부모는 아이의 적성을 알고, 좋아하는 것을 찾아갈 수 있도록 안내자 역할을 해야 합니다. 교육 트렌드는 참고만 하되, 진짜 아이가 원하는 것을 관찰하고 올바른 방향으로 실행하도록 용기를 주어야 합니다. 주변 평가와 입소문은 내 아이의 미래보다 절대 중요하지 않습니다.

3. 못된 엄마는 자신만의 노후 생활을 준비할 수 있어야 합니다.

부모의 사랑과 보호가 가장 필요할 때는 아이가 성장하는 시기입니다. 부모는 자녀의 성장기가 지나 독립하기 전에, 미리 본인을 위한 노후 준비를 해야 합니다. 부모도 미래를 위해 준비할 것이 있다는 것을 자녀에게 알려주어야 합니다. 부모가 행복하고 건강해야 자녀도 행복하고 건강할 수 있기 때문입니다.

자녀가 성장했다고 느낄 때, "내가 널 어떻게 키웠는데...." 라고 말하는 것은 부모와 자식 모두 지금은 행복하지 않다는 의미로 해석될 수 있습니다.

"너를 키우면서 나도 감사한 마음으로 미래를 준비할 수 있단다."라고 바꾸어 표현할 수 있도록 해야 합니다.

4. 못된 엄마는 자녀가 독립의 시기를 준비할 수 있도록 응원해야 합니다.

대부분 동물은 때가 되면, 새끼를 독립시켜야 한다는 것을 알고 있습니다. 그래서 거친 세상을 당당하게 살아갈 수 있도록 지혜를 가르칩니다. 부모에게 물질적으로 혹은 정신적으로 의존하는 자녀는 스스로 노력해 보려는 의지가 약할 수 있습니다. 부모로부터 물려받은 재산보다 중요한 것은 바로 자녀 본인의 비전과 그 비전을 실행할 수 있는 에너지입니다. 세상을 살아가는 힘을 키울 수 있도록 긍정적인 에너지를 알려주는 것, 잘 독립시킬 수 있도록 하는 것이 부모의 가장 중요한 역할입니다.

5. 못된 엄마는 이 모든 것을 과감하게 실천할 수 있어야 합니다.

자녀의 인생을 위한 안내자 역할도 중요하지만, 상황에 맞추어 과감하게 행동하는 모습을 보여 주어야 합니다. 부모로서 올바른 행동의 본을 보이고, 자녀와 함께 경험하면서 성장하고 성숙의 단계까지 갈 수 있어야 합니다. 못된 엄마는 자녀를 사랑하면서 동시에 본인도 사랑하는 사람입니다. 자신만의 인생을 멋지게 준비해서 실행할 수 있는 사람을 의미합니다.

프롤로그

"언니의 자녀교육 이야기를 책으로 만들면 좋을 것 같아요. 원고 작성해 보실래요?"

내가? 유명작가도 아닌데 평범한 사람이 책을 쓸 수 있을까? 책을 쓴다는 것은 누군가에게 좋은 영향력을 미칠 수 있을 만큼의 전문적 지식이나 경험이 있어야 하는데, 내가 그만큼 수준이 될까?

기분 좋은 제안이었지만, 자신이 없어 얼마간 망설였다. "언니의 솔직한 자녀교육 이야기를 담아보세요. 평범해 보이지만 평범하지 않은 교육 방법을 정리해 본다고 생각하시고 한번 도전하시죠!"

몇 년 전 학교 후배이자 출판사 대표인 희옥이가 넌지시 나에게 던진 제안을 나는 단 한 순간도 잊을 수가 없었다. 생각만 하던 그 일을 실행시키기 전까지 말이다.

자녀교육 방법과 관련된 책을 쓴다는 것은 무모한

용기를 가진 어느 중년 여성의 모험이었다. 솔직히 말하면 이제는 뭔가 시작하기가 두렵다. 새로운 것을 시작하는 과정에서 중간에 포기하지 않고 끝까지 해낼 수가 있을지에 대한 불안감이 자신감보다 더 크게 다가왔던 시기였다.

'내가? 내가 정말 책을 쓴다고?'

자신에 대한 불확신이 마음속에서 꿈틀거렸다. 그리고 출발점은 점점 희미해졌다. 발전과 성장을 중시하며 성과를 평가하는 사회에서 나는 과연 어떤 가치를 가지고 아이를 키웠는가? 자녀교육에서 가장 중요한 것은 무엇인가? 부모라면 진지하게 자녀를 교육하는 방법에 대해 점검하고 성찰해야 할 시간이 필요하다. 세월이 더 흘러가기 전에, 아이를 키워 온 추억을 꺼내 글로 표현하고 싶다는 생각이 나의 심장을 두드리고 있었다. 그 작은 두드림이 시작의 불안감과 불확신을 조금씩 희미하게 만들어 주었다.

자녀교육 이야기를 담은 글을 쓰게 된 이유

 인생에서 한 번도 찾아오지 않았던 숫자, 어느덧 50대의 삶을 맞이했다.

 돌이켜보면 내 삶은 주어진 상황에, 다양한 역할을 하면서 늘 무언가를 채우기 위해 달려왔다. 학창 시절에는 학생으로서 주어진 과제를 했고, 사회인이 되어 경제적 활동에 뒤처지지 않도록 에너지를 쏟았다. 결혼할 나이가 되어서 결혼을 했고, 아이를 낳아 엄마로서 역할도 소홀히 하지 않았다. 아이를 키우면서 만학도가 되어 뒤늦게 공부를 다시 시작했다. 그래서 시간을 가장 소중한 자원으로 여기며 달렸다. 삶에 주어진 여러 가지 역할과 맡겨진 사명을 잘 감당해야 한다는 의무감 때문에, 시간을 쪼개면서 바쁘게만 살았다. '이제부터는 달리지 않고 조금은 천천히 걸어도 되지 않을까? 그동안 열심히 살았다고 스스로 위안해 주며 살아도 되지 않을까?'

50의 숫자가 주는 힘은 참으로 위대했다. 문득, 달리는 인생 운전대를 잡고 잠시 브레이크를 밟아 속도를 늦추이야겠다는 생각이 들게 만들었으니 말이다. 처음 책을 써보면 어떻겠느냐는 제안을 받았을 때부터 몇 년간의 시간을 아이의 독립 준비와 부모로서의 인생을 점검하는 시간으로 보냈다. 그리고 이제는 10대 아이의 당당한 독립과 50대라는 부모의 인생 전환점을 기념하고 싶다.

 아이가 유명 대학에 들어간 것도 아니고, 대단한 업적을 세운 것도 아니다. 부모가 재력가도 아니고 유명 인사도 아니다. 그저 평범한 삶을 살아온 중년 여성이 자녀를 키우고 독립시킨 과정을 글로 진술하게 표현하고 싶은 것이다. 이 시대를 살아가는 부모로서 자녀를 키워 사회인으로 성장시킨 과정을 솔직하게 쓰고, 어떻게 실천했는지 기억하는 차원에서 글쓰기를 시작해 본다.

- 자녀교육에서 누군가의 말이나 유행을 따르지 않고, 각자도생을 위한 **비전 찾기!**
- 자녀의 미래가 부모의 사회적, 경제적 수준에 의해 정해질 수 있다는 현실을 거부하고, 미약하지만 세상을 향해 **울림의 메시지 전달하기!**
- 자식이 독립할 수 있는 시기를 부모가 방해하지 않도록 교육 전략 세우기!
- 부모와 자녀 **각자 자신의 다른 인생길을 받아들이고 존중하기!**
- 자녀에게 다양한 교육 방법을 상황에 맞추어 활용하기 위해서는 바로 **부모 자신이 내 자녀의 교육 전문가라고 생각하기!**
- **부모와 자녀가 함께 많은 이야기를 나누며 살아갈 방법을 구체적으로 찾아보기!**
- 그 방법을 실천하기 위한 과정을 즐기기 위해 **자녀와 부모가 함께 지혜를 구하기!**
- **자녀를 사랑하는 방법을 새롭게 시도하기!**

요즘은 AI가 척척 책도 써주는 시대다. 책을 쓰기 위해 힘든 인고의 시간을 보내기보다는 단시간에 많은 양의 정보를 요약해서 한 권의 책을 신속하게 완성하느냐가 중요해졌다. 그런데 그 위대해 보이는 AI가 나의 추억, 자녀와 보낸 시간을 사랑으로 채워 집필할 수 있을까? 물론 그런 시대가 올 수도 있겠지만, AI가 만드는 인위적인 글보다 마음을 전하고 진솔한 이야기를 담은 나만의 자녀교육 실전 사례를 기록하고자 한다.

자녀의 진로를 선택해야 할 때, 좀 더 다양한 방법으로 시도해 볼 수 있다. 인생에서 정해진 길은 없듯, 다양한 자녀교육 방법의 사례가 많이 나왔으면 좋겠다. 그래서 정처 없이 어디론가 흘러가는 우리나라 교육 현실 속에서 다양하게 비판할 수 있는 관점과 자신만의 교육 방법을 부모들이 당당하게 실천하길 희망한다. 이유는 자녀의 올바른 성장과 적절한 시기의 독립이 부모 삶의 행복과 바로 연결되기 때문이다.

부모로 살다 보니 어느새 중년의 시기를 맞이했다. 그동안 세상에 떠밀려 열심히 살다가 자녀의 독립으로 인한 '빈둥지 증후군'을 앓기보다는 이 순간을 기쁘게 받아들이고자 한다. 점점 나이가 들어 신체적으로 노화가 찾아오고, 정신적으로도 부정적인 생각이 많아져 우울하게 살아갈 수도 있다. 나이는 들어가지만 젊은 시절의 시간이 있었기에 중년의 시기는 더 재미있고 소중하게 시간을 보낼 수 있다.

  지금 우리나라 입시교육에서 최고로 성공한 사례는 SKY 의대에 합격시키는 것이다. 그 과정을 위해 어려서부터 아이들이 훈련된 교육 시스템에 들어간다. 그래야 부모 마음도 편하고, 아이도 최신 유행하는 수준 높은 교육 정보를 취할 수 있다고 여긴다. 못된 엄마 교육 방법은 부모로서 자녀교육에 성공했다고 자랑하려는 사례가 아니다. 주변에는 모든 역경을 이겨내고 자녀를 키우면서 부모의 역할을 더 훌륭하게 감당하고 있는 존경스러운 부모들이 많다. 그에 비하면 나는 정말 아무것도 아니다. 그저 유행하는 교육과는 다른 방법으로 자녀를 키우려고 노력했던 것뿐이다. 그러기 위해서는 진심으로 자녀에 대한 신뢰와 사랑이 있어야 함을 깨달았다.

아이가 태어나 1년이 지나면, 돌잔치를 한다. 20~30년 전에는 친인척 모시고 약간은 부담스럽지만 그렇게 인사를 해야 하는 것이 관례였다. 그때 받았던 금반지는 언제 팔아치웠는지 기억도 나지 않는다. 지금 생각하면 그 돈으로 일찍 통장을 만들어 주었다면 더 좋지 않았을까 싶다. 돌잔치에 사용했던 비용을 자녀가 진정으로 독립할 수 있는 교육비로 혹은 사회 진출을 위해 미리 준비했으면 더 의미가 깊을 것이다. 자녀가 태어나 성인이 되기까지, 경제적으로 돈의 개념을 알도록 교육하고 준비하는 부분도 필요하기 때문이다.

18살, 고3 아들이 취업했다. 아들은 서울에서 태어나 2020년 서울 방배중학교를 졸업하고, 봉화에 있는 산림과학고에 들어갔다. 그리고 2022년 8월 취업의 문을 열고 당당히 공공기관 일반직 8급으로 채용되었다. 아들이 국가 의무교육을 마치고 사회로 당당하게 진출한 것이다. 18세에 경제적, 인격적으로 독립했다. 어쩌면 우리나라 교육 현실에서 흔하게 찾아볼 수 없는 사례다. 엄마의 시선으로 10대 어린 나이에 독립할 수 있었던 과정을 글로 담는다.

  서울에서 태어난 아들은 친구 관계가 가장 중요하다고 생각되는 사춘기 시절, 도시에서 시골로의 진학을 결정했다. 순탄한 선택은 아니었고, 그 과정도 쉽지는 않았다. 그래서 18세 아들의 사회인이 된 사례를 조금은 특별하게 기념하고 싶다. 물론 앞으로 만만치 않은 직장생활과 조직문화를 경험하면서 인생의 크고 작은 파도를 만날 것이다. 파도를 만나는 순간순간을 지금처럼 슬기롭게 극복하면서 지혜를 쌓아가길 바라는 마음도 이 글에 담아본다.

예전에는 가정형편이 어려운 사람이 실업계고를 선택해서 대학을 포기하고 일찍 사회인이 되는 경우가 많았다. 그런데 이제 시대는 변하고 있다. 빠르면 중학교 때부터 적성에 맞는 과정을 찾아서 고등학교 진학에 참고하면 좋다. 대학교로 바로 가기 전에 사회를 경험하는 것도 그렇게 나쁘지는 않다. 인생의 기회비용을 줄일 수 있는 수많은 선택지 가운데 하나다. 취업을 먼저 하고, 대학으로 갈 수 있는 길은 얼마든지 있다. 다만 대학과 취업이라는 순서만 몇 년 바뀔 수 있다는 것이다.

자녀교육을 위한 학교가 있다면, 부모는 평생 졸업하지 못할 것이다. 하지만 자녀가 독립했을 때, 비로소 부모가 졸업할 수 있다고 가정해보자. 적절한 시기에 졸업해서 부모와 자녀 모두 행복해지는 삶을 다시 설계하는 것을 **'점프 업 프로젝트'**라고 자칭한다. 그 프로젝트를 통해 자녀교육을 위한 글을 작성하는 것이다. 논문은 학교 졸업을 위해 거치는 필수 과정이지만, 이 글은 자녀교육이라는 주제를 정해 졸업이라는 의미를 담아 논문이라 여기고 완성도를 높이고자 한다. 평상시 도전하고 싶었던 글쓰기를 통해 점프 업 프로젝트를 계획하고 실천하고 싶다.

'점프 업 프로젝트'의 첫 단계로 자녀의 성장과 사회인으로서의 시작을 축하할 수 있는 것을 기획해 본다. 그리고 자녀를 키웠던 과정을 진솔하게 기록해 보자. 자녀를 키웠던 과정을 기록하는 것이다. 자식 교육을 위한 모든 과정이 소중했던 만큼, 자녀가 부모에게 독립한 순간도 정말 자랑스럽고 귀하다. 고맙고 기쁜 마음으로 자녀의 성장을 기념하고 싶다. 형식적인 행사가 아닌 진정으로 기억할 수 있는 가치를 담고 기념하는 첫 단계로 우선 아이를 키운 추억의 저장 창고를 천천히 꺼내 본다. 지금까지의 인생 과정을 잘 버틴 스스로에게도 칭찬해주고 싶다.

정말 수고했다 윤주야!

I. 인생의 가장 중요한 프로젝트

이 세상에 태어나고 싶다고 태어날 수 있는 사람이 있을까? 모두가 우연에 가까운 인연으로 태어난다. 하지만 살아가는 과정은 모두 다르다. 모두의 생김새와 얼굴이 다르듯, 다양한 역할을 가지고 무수한 일들을 결정하며 살아가야 한다. 혼자 살 수 없는 세상에 태어나 누군가의 도움을 받으며, 다시 누군가에게 도움을 주기 때문이다. 성장하는 시간, 성숙해가는 시간의 흐름에 따라 인생을 살아가는 농도와 다양한 역할은 본인의 의지에 따라 선택할 수 있다. 때로는 어떤 목표를 달성하기 위한 계획을 세우기도 한다. 인생의 목표는 개인적이면서 단기간에 이루어질 수도 있고, 오랜 기간에 걸쳐 도달할 수도 있지만, 반대로는 그렇지 못할 수도 있다.

 하지만 반드시 인생에서 신중하게 결정해야 하는 순간이 있다. 스스로 성장과 성숙을 구분할 수 있는 시점이 바로 부모가 된 순간이다. 인생의 가장 중요한 역할이 부모로서 살아가는 것이고, 성숙의 의미를 알아가는 과정이다. 이것을 인생의 가장 중요한 프로젝트라고 생각한다. 그래서 종종 아들에게 이러한 이야기를 하기도 한다.

"

*엄마는
세상에 태어나 가장 잘한 일이
바로 너를 낳아 우리 아들의
엄마로 살아 온 것이야!*

"

어쩌다 결혼

 부잣집 거실에 전화벨 따르릉 소리가 난다. 우아한 자태를 뽐내는 어느 사모님이 전화를 받는다.

"예! 방배동입니다."

 아주 어릴 때, 기억 속에 저장된 드라마의 한 장면이다. 그 드라마를 보면서 '아! 방배동에 가면 저렇게 부자처럼 살 수 있겠구나!' 그때부터 나의 꿈은 방배동에서 사는 것이었다. 방배동에서 살면 드라마에 나오는 장면처럼 멋진 거실에서 전화도 받고, 부자가 되어 지인들을 당당하게 초대할 수 있으리라 상상했다. 지금 생각해 보면 정말 유치하다. 꿈을 이루고 싶다는 간절함이 강하면 현실로 이루어질 확률이 높다는 것이 사실인지 모르겠다. 20대에서 40대를 살아가는 동안, 서울특별시 서초구 방배 1동, 2동, 3동, 그리고 4동을 다 거치면서 살아보았다. 방배동에서 살고 싶다는 어렸을 적 꿈이 이루어진 것이다. 부자는 아니었지만, 도심의 사회적인 인프라를 누리며 살았다.

28살! 결혼할 나이다. 그때 당시에는 여자 나이 30을 넘으면 노처녀라는 소리를 많이 들었다. '왜 결혼을 늦게 하느냐? 결혼 상대나 남자친구는 있느냐?' 등 점점 주변에서 자주 나에게 질문했다. 결혼하지 않으면 무슨 문제가 있는 사람처럼 바라보는 시선을 피하고 싶었는지 모르겠다. 어떤 이유였는지 기억은 정확히 나지 않지만, 어찌 되었건 간에 결혼해야겠다는 마음으로 배우자를 만나기 위한 기도를 했다. 열심히 기도하는 어느 날, 꿈을 꾸었다. 방배역 근처에서 문구사를 하는 젊은 사장님이 우연히 꿈속에서 다친 나를 도와주는 것이다. 꿈속에서 본 인물과 실제 얼굴을 확인하고 싶어, 이른 시간 그 문구사로 달려갔다. 필요하지도 않은 펜을 사는 척하면서 그 사장님의 얼굴을 확인하고, 저녁에 다시 오겠다고 했다. 좀 민망했다.

문구사를 나오는데 어른 사장님이 혹시 모르니 전

화하고 오라고 문구사 명함을 건네주셨다. 집으로 다시 걸어오는 길에 작은 마트에 들려 우유를 사는데, 마트 여자 사장님이 물었다.

"어! 은혜 문구사 명함이네. 나 그 집 잘 알아요, 아가씨 거기 문구사 다녀오는 길이에요?"

"예! 그런데 혹시 그 문구사에서 일하는 젊은 분이 어른 사장님 아드님 되시나요? 많이 닮으셔서요. 혹시 결혼하셨는지 알 수 있을까요?"

"왜? 관심 있어? 내가 연결해줄까?"

"아니요! 결혼 안 하셨으면 혹시 여자친구 있는지 정도만 알아봐 주세요!"

작은 마트에서의 대화가 결혼으로 급연결되는 인연이 될 줄이야. 그날 일을 마치고 문구사가 문을 닫을 시간에 다시 찾아갔다. 그리고 사장님이 제 꿈속에 나왔다고 어설픈 데이트 신청을 했다.

"제가 좀 많이 바빠서, 만날 수 있는 시간이 좀 그래요!"

"이거 제 명함이에요. 연락 부탁드려요"

 정말 그때는 무슨 생각으로 그렇게 당돌하게 행동했는지 모르겠다. 그 후 2~3일이 지났지만, 문구사 작은 사장님한테는 아무런 연락이 없었다. 그래서 문구사로 전화를 걸었다.

"저기요! 며칠 전 명함 드리고 간 이상한 여자인데요. 제가 드린 명함 그냥 찢어버리세요! 귀찮게 해드려 죄송합니다!"

 그냥 전화를 끊으려는데, 문구사 작은 사장님이 용기를 내어 말을 건넸다.

 "저, 이번 주말에 시간 있으세요? 같이 식사하실래요?"

그렇게 어설픈 데이트와 함께 연애를 시작했고, 이웃과 주변의 관심으로 만난 지 100일도 되지 않은 시점에 결혼식을 올렸다.

 신혼집은 시부모님이 사는 집 2층으로 정했다. 경상도 철부지 막내딸이 전라도 장남과 결혼해서 처음부터 시댁에 들어가 살았다. 그 당시 지인들은 시댁에 들어가 사는 것이 용감한 결정인지 아니면 무식한 결정인지 물어보곤 했다. 20여 년이 넘어 생각해 보니 그 당시 진짜 아무 생각이 없었던 것 같다. 한마디로 무식하면 용감하다는 의미다. 부부싸움이 잦았던 신혼생활 3년 후, 아이가 생겼다. 경상도 태생의 살림을 잘하지 못하는 며느리의 DNA를 바꿀 수는 없었지만, 아이가 생김으로 전라도 시어머니와의 정은 깊어졌다. 물론 처음에는 시댁이 친정처럼 마냥 편하지는 않겠지만, 그냥 그 모습 그대로 받아들이는 인생 훈련을 결혼 생활이라고 받아들이기 시작했다.

아이를 품으며 엄마가 된다는 것

소중한 생명을 잉태하여 낳은 것은 세상의 어떤 예술 작품과도 비교할 수 없는 인생의 걸작품이다. 아이를 품으며 엄마로 살아온 시간은 누구와도 같지 않은 나만의 인생 예술 영역이었다. 생명의 고결함 덕분에 엄마라는 예술가가 될 수 있었다.

오랫동안 보관하고 있었던 태교 일기를 꺼냈다. 오래전부터 엄마가 될 준비를 했던 것 같아 뿌듯하다. 그리고 20년이 흘러 아들이 그 태교 일기를 본다.

"엄마! 나 이거 다 읽었는데, 고마워!"

살 떨리는 애교의 표현은 아니었지만, 아들의 그 말 한마디에 모든 것을 보상받은 느낌이었다.

"있잖아! 아들! 엄마가 세상에 태어나 가장 잘한 것이 바로 너를 낳은 거야."

태교 일기

<u>2003년 7월 30일</u>

안녕! 아가야!

　엄마의 몸속에 소중한 생명체로 네가 존재한다는 사실을 일주일 전에 알았어. 병원에 가서 확인하고, 주위 사람들에게 정말 많은 축하를 받았어.
하나님이 주신 최고의 선물!
엄마가 될 수 있는 인생 최고의 기회를 주어서 고맙다. 정말 반가워요! 10달 정도 엄마 배 속에서 무럭무럭 자라다가 더 반갑게 만나자! 예정일이 4월 초! 좋은 계절에 태어나겠구나. 그때 만날 생각을 하니 너무 기대되고 행복해진다.

<u>2003년 8월 15일</u>

 감사한 마음으로 태아를 위해 기도합니다. 건강한 아가가 많은 이의 축복 속에서 잘 자라나 좋은 에너지를 나누는 사람이 되게 하소서. 이 아가의 존재 자체로 주변 사람들이 행복해하고 다시 그 행복을 전파하는 능력을 허락하소서.

 사랑하는 아가야! 오늘은 광복절이야. 남들은 황금연휴를 즐기고 있는데 아빠는 문구사에 가서 열심히 일하고 있단다. 공휴일은 거의 쉬지도 못하고 격주로 하루 쉬는 자영업을 하고 있어. 우리 아가가 태어나면 정말 열심히 일하는 아빠의 모습을 보게 될 거야. 입덧이 조금 있어 음식이 잘 넘어가지 않지만, 아가가 있다는 자체로 너무 행복해서 이 정도의 불편함 또한 감사한 마음으로 즐기고 있단다. 엄마가 잘 먹어야 아가도 씩씩하고 건강할 것이기에, 좋은 음식 많이 먹고 기운 차려야지! 엄마가 아닌 아가를 위해~ 아자아자 화이팅!

<u>2003년 8월 29일</u>

　임신 8주(소리는 들을 수 없지만, 흥얼거림은 그대로 전해짐). 예쁜 우리 아가! 머리, 몸, 팔, 다리가 모두 정상이라는 것을 확인했어. 정말 고맙고, 사랑스럽구나. 아빠가 네 초음파 사진을 보면서 '*내 새끼!*'라고 감탄했어. 우리 아가가 생긴 후로 아빠가 엄마한테 참 잘해준다. 고마워! 네 사진을 자꾸 들여다보게 되네. 정말 귀여운 우리 아가! 밝고 씩씩하게 태어나거라. 하나님께서 복을 많이 주실 거라고 믿어. 엄마랑 매일 기도하고 성경책도 읽자. 축복과 은혜로 가득한 아이로 잘 크길 바란다. 사랑해 아가!

<u>2003년 9월 8일</u>

  어제는 할머니 생신이었어. 중국요리를 실컷 먹었지. 할아버지가 우리 아가 이름을 벌써 생각해 두셨어. 궁금하지? 바로 '재경'이란다. 아가가 태어나길 기다리는 사람들이 참 많아. 교회에서 사람들이 축하해주시고, 목사님과 사모님께서도 직접 기도해주셨어. 참 은혜롭구나. 우리 아가가 무럭무럭 잘 자라고 있으니 몸에 좋은 거, 맛있는 거 많이 먹고, 좋은 생각만 할게.

<u>2003년 9월 14일</u>

 엄마를 용서해 줄래? 뱃속에 아가를 두고 교회 다녀와서 아빠랑 큰소리로 말다툼했어. 엄마는 갑자기 빵을 먹고 싶다고 말했는데, 아빠가 할아버지 할머니 눈치가 보인다고 그냥 지나치는 거야. 그래서 너무 유치하지만, 서운한 감정이 앞서 소리도 지르고, 많이 울었어. 엄마가 잘못했지. 작은 일인데 화를 참지 못하고 말이야, 그래서 아가한테 정말 미안해. 내 감정만 생각하고 아가를 먼저 생각하지 못했어. 그래도 우리 아가 잘 있지? 아가야! 성숙하지 못한 엄마를 용서해 주겠니? 엄마가 오늘처럼 불끈 화를 내지 않도록 더 노력해 볼게. 사랑해!

2003년 9월 14일

  동동아! 아가 별명이 '동동이!'란다. 엄마 뱃속에서 동동동 움직인다고 지은 별명이지. 엄마는 찬양할 때 참 행복하단다. 그래서 다시 새벽반 성가대에 들어갔어. 아름다운 찬양을 들을 때, 그리고 노래할 때 우리 아가도 행복하지? 배를 만져보면 너의 기분도 알 수 있단다. 무럭무럭 잘 자라거라.
사랑하는 아가!

<u>2003년 10월 10일</u>

  태동의 느낌은 병아리를 손바닥 위에 놓으면 작은 부리로 톡톡톡 두드리는 것과 같을 거야. 며칠 동안 아빠와 가졌던 전쟁 같은 말다툼의 시간도 끝나고 모처럼 평화로운 나날을 보내고 있어. 오래간만에 아빠랑 데이트도 했단다. 남한산성에 가서 고즈넉한 시골 분위기도 느끼고 많은 대화를 했지. 우리 아가도 엄마 아빠 사이가 좋으니 기분이 좋지? 이제부터는 우리 아가 귀도 열리고, 감정도 느낄 수 있다고 해. 엄마는 아가의 움직임이 느껴질 때마다 정말 신기하고 행복하단다. 아가를 위해 좋은 생각만 하고 즐겁게 지낼게. 좋은 엄마가 되기 위해!

<u>2003년 10월 22일</u>

  우리 아기 심장 뛰는 소리를 들었어. 아직도 '콩닥콩닥' 네 심장 소리가 들리는 거 같아. 마음이 편해서 그런지 얼굴에 여드름도 많이 없어지고, 통통해지면서 예뻐지는 느낌이야. 산모 얼굴이 좋으면 아가랑 에너지가 잘 통하는 거라고 남들이 그러네! 엄마가 많이 사랑한단다. 아가! 이제 제법 배가 많이 나왔어. 그래서 더 행복하단다. 엄마 몸무게가 몇 킬로그램까지 늘어날지 모르겠네, 산모의 퉁퉁함은 너무 자연스러운 모습이고, 그 자체를 즐기고 있어. 세상에 태어나 뭐든 원하는 음식을 이렇게 많이 먹고 마음도 행복한 순간이 또 있을까? 이런 기회를 준 아가의 존재 자체에 감사함을 느낀다.

<u>2003년 11월 4일</u>

 조용하고 편안하게 누워있으면 뱃속에서 아가가 '콩콩콩' 하고 엄마한테 어떤 신호를 보내. 우리 아가가 이렇게 잘 자라고 있는데 어제는 아빠에게 화를 내고 말았어. 이 불과 같은 성격을 어떻게 고쳐야 할까? 그러지 않아야 하는데 아빠가 조금만 배려해 주면 좋겠는데, 이 또한 엄마의 욕심이겠지? 아가가 놀라지 않게 엄마가 더 조심해야지. 미안해 아가!

 화난다고 이틀 동안 음식을 잘 먹지 못했는데 우리 아가가 배고팠지? 열심히 다시 잘 먹으려고 해. 우리 아가를 위해서. 엄마가 열심히 태교도 하고, 조심하게 행동할게. 쑥쑥 자라거라. 병원에서는 아가 머리가 크다고 출산할 때 힘들겠다고 그러는데 엄마는 하나도 무섭지 않아! 아가와 함께라면 무슨 일이든 다 잘 할 수 있겠지? 화이팅!

2003년 11월 11일

 아가가 왕자라는 것을 알게 되었어. 아가와 만날 날이 다가오는 것이 너무 기대된다. 오늘은 이모 식구들이랑 강원도 둔내에 있는 자연휴양림 통나무집에 다녀왔어, 좋은 힐링의 시간이었어. 아가도 자연 속에서 신선한 공기를 마시면서 좋은 에너지를 얻었지? 나중에 우리 아가는 무슨 일을 하면서 살아갈까? 자연을 연구하는 사람이면 좋겠어. 휴양림에 있을 때 아가가 정말 좋아하고 있다는 느낌을 엄마도 느낄 수 있었어. 하지만 엄마의 어설픈 기대로 아가의 앞날에 대한 계획은 미리 하지 않을게. 아가의 미래는 스스로 멋지게 정할 거라고 믿어, 정말 기대된다. 아가가 무슨 일을 하게 될지 모르지만, 절대 엄마는 욕심부리지 않을 거란다.

<u>2003년 11월 20일</u>

  이번 주 주일이 추수감사절이란다. 교회에서 찬양제가 있는데 2절은 엄마가 솔로를 한단다. 찬양 연습을 할 때, 우리 아가도 함께 찬양하는 거 같아. 언제나 감사함으로 우리 아가 보는 날을 손꼽아 기다리고 있어. 가장 좋은 태교는 엄마의 마음이 행복하다고 느끼는 것이지. 노래 부를 때, 아가를 생각하며 십자수를 할 때, 맛있는 음식을 먹을 때가 진짜 행복해. 아가도 행복하지? 십자수는 평상시 전혀 관심이 없었던 분야였는데, 아가의 섬세한 손재주를 위해, 마음 수양을 위해 시작했어. 이런 엄마의 노력에 가상 점수를 주지 않겠니? 과연 엄마의 태교 점수는 몇 점? 나중에 아가가 이 글을 읽을 때, 점수를 주겠니? 100점까지는 아니어도 적어도 70점 이상은 될까? 훗날 아들이 이 글을 재미있게 읽어주길 바란다.

<u>2004년 1월 1일</u>

 드디어 2004년! 이제 석 달 정도 있으면 우리 아가를 만나는구나. 신년 예배를 드리면서 엄마 아빠는 아가를 위해 기도했어. 부모로 살아갈 수 있는 앞으로의 시간과 기회 그리고 소중한 아가의 존재! 이 모든 것을 허락해 주심에 감사드렸어.
 건강한 모습으로 곧 만나자!

<u>2004년 2월 1일</u>

  동동아! 오늘은 아빠랑 '라마즈 분만법' 수업에 참석했어. 네가 태어날 차병원에서 4주간 분만하는 동안 호흡법을 공부한단다. 강사님이 '이렇게 라마즈 분만법 연습하시고 운 나쁘게도 바로 제왕절개 하시는 분도 가끔 계세요. 그러면 지금 이렇게 연습하는 시간이 무용지물이 되는 거겠죠?'라고 웃으며 말씀하셨어. 엄마는 라마즈 분만법을 기억하면서 씩씩하게 자연분만으로 너를 낳을 거란다! 힘내자 동동아!

<u>2004년 3월 18일</u>

사랑하는 동동아!

 꿈속에서 동동이가 나왔어. 엄마는 우리 아가 우유를 챙기느라 바쁜데 우리 아가가 엄마 품에 안기는 거야. 아가가 태어나면 엄마가 맛있고 몸에 좋은 음식 많이 해줄게. 오늘은 아빠랑 4년 전 처음 만난 날이란다. 뭐가 그리 좋았는지 처음 데이트를 시작하고 100일도 되지 않아 결혼했지. 그동안 부부싸움도 정말 많이 했지만, 지금은 동동이 덕분에 사이가 좋단다. 이제 정말 엄마로서 그리고 아들로서 만날 날이 며칠 남지 않았구나. 동동이 준비 잘 하고 있다가 힘차게 나오거라! 엄마는 산고의 고통을 기쁘게 받아들이고 잘 이겨내려고 다시 마음을 굳건히! 우리 힘내자 아가야!

 아빠가 4월 4일이 쉬는 날이라고 그때 보자고 하네. 동동이 생각은 어때?

<u>2004년 4월 1일</u>

사랑하는 동동아! 어젯밤엔 약간의 통증이 있어서 긴장했어. 우리 아가도 무척 떨리지? 동동이를 곧 볼 수 있다는 기대감에 엄마 아빠는 힘이 절로 난단다. 이제 성경책도 통독을 마쳤고, 엄마가 될 준비 완료!

<u>2004년 4월 3일 새벽 1시 17분</u>

<u>D-day</u>

　드디어 동동이가 나왔다. 4월 2일부터 진통이 있었지만, 자궁문이 열리지 않고, 아가 맥박이 좋지 않았다고 한다. 그래서 제왕절개를 할 수밖에 없었다. 결국 라마즈 분만법은 무용지물이었지만, 준비 과정 자체에 감사함을 느낀다.

　한 생명이 세상에 나온다는 것은 기적과도 같은 일이다. 무슨 용기였는지 힘을 내서 아이를 낳겠다고 떡이랑 죽을 먹고 병원에 간 산모가 또 있을까? 병실에 누워있는데, 배는 아프고 숨이 답답함을 느끼면서 기분이 좋지 않았다. 빨리 수술해야 한다는 것이다. 산모와 아이 모두 생명이 위험하다고....

　모든 상황을 부정하고 싶었다. 설마 아가가 어떻게 되지는 않겠지? 생각할 겨를도 없이 나는 갑자기 차가운 수술 침대로 옮겨지고 있었다.

"산모님! 병원에 오시기 전에 아무것도 드신 거 없으시죠?"

비몽사몽간에 들리는 간호사의 소리에 답을 해야 할 것 같아서 떡이랑 죽을 좀 전에 먹고 왔다고 말했다.

"아! 어떻게 하지?"

이번에는 의사의 매우 난감해하는 한탄 소리가 들렸다.

"전신마취는 불가하고 부분마취만 들어가겠습니다. 배를 자를 때 약간의 고통이 따를 수 있어요."

내가 무언가를 할 수 있는 것은 정말 아무것도 없었다. 그동안 외워둔 주기도문이 입에서 나왔다. '하늘에 계신 우리 아버지...'

배가 너무 아프게 잘리는 느낌이 들었다. 그리고 잠시 마취 상태에 빠졌다.

"산모님! 정신이 좀 드세요?"

"아기는요? 아기는 어때요?"

"아주 건강합니다."

"아기가 눈이 큰가요?"

마취에서 바로 깬 혼수상태, 정신이 없는 상황이었는데 너무 기쁜 마음에 유머가 나왔다. 잘생겼다는 말에 '오 주님 감사합니다'를 연신 외쳤다.

그렇게 엄마가 나는 되었다. 산고의 고통을 느끼는 시간 대신 위험한 수술로 아이와 내가 인생의 고비를 넘겼다. 아이가 태어나고 엄마가 된다는 것은 정말 기적과도 같은 일이다.

3일 동안은 모자동실에서 젖을 물리고, 4일째 되는 날, 아들은 황달 치료를 위해 입원을 했다. 너무 어린 아가가 엄마 품에서 나와 치료를 받고 있었다. 10달이 넘게 한 몸에 있던 존재였는데, 잠시 떨어져 있으니 기분이 이상했다. 병실에 있는 아가를 볼 때, 주체할 수 없는 눈물이 나왔다. 모성애가 이런 것일까? 아들이 병실에 3일 정도 있는 동안 젖몸살이 심해 고생을 했지만, 젖은 잘 나오는 듯했다. 분윳값도 아끼고, 무엇보다 면역력이 강해진다고 하니 천연 모유를 잘 먹여야겠다고 생각했다. 앞으로 재경이의 엄마로서 책임감 있는 멋진 부모의 역할을 하고자 다짐했다. 부모로서 삶의 의무가 하나 더 생겼지만, 부모가 된다는 것은 인생의 큰 축복이다.

하나님! 감사합니다. 이제부터 지혜로운 부모가 되기 위해 열심히 노력하겠습니다. 아이를 키우는 과정이 인생의 가장 큰 축복임을 알게 하시고 사랑으로 인도해 주소서. 주 예수 그리스도의 이름으로 기도합니다. 아멘!

: 자녀교육의 시작

유아기에서 초등학교까지

1) 유아기 시절

10달 동안 뱃속에서 보고 싶었던 아이를 직접 만났다. 세상의 모든 것이 새롭게 보였다. 초보 엄마로 미숙한 점이 많았지만, 주변에서 많은 관심과 사랑을 나누어 주었다. 그리고 나는 엄마로서 아이의 나이와 함께 다시 성장해갔다. 책임감과 사랑이 많은 사람으로 키우려고 노력했고, 모성애를 통해 점점 성숙의 의미를 알아갔다. 아이가 태어난 지 거의 2~3달 만에 몸무게가 8kg에 달했다. 순전히 모유만 먹였는데 아이는 건강하게 잘 자랐다. 의사 선생님이 아이 몸무게만 보고 '이제 아기가 밥을 먹어도 되겠어요'라고 말씀하셨다.

"선생님. 그런데 아직 100일도 안 된 아기가 밥을 먹을 수 있을까요?"

"아이고! 죄송해요. 진짜 모유만 먹이셨어요? 분유는 하나도 안 먹이셨나요? 어떻게 모유만 먹고 이렇게 건강한 아이로 키우셨어요? 어머니 참! 대단하세요. 역시 엄마 모유가 아이에겐 참 좋은 거죠. 모유를 먹이는 우수 사례로 저희가 부탁드려도 될까요?"

나는 아이가 3살이 될 때까지 젖을 먹였다. 병원에서 모유 수유에 관한 우수 사례 글을 작성해 달라는 부탁을 몇 번 받았다. 하지만 그 당시에는 육아에 전념하느라 글쓰기 제안을 거절했다. 거절했던 것이 마음속 깊은 곳에 숨어있었던 것일까? 20년이 흘러 아이를 다 키운 후 자녀교육 이야기를 이렇게 글로 써본다.

재경이는 무럭무럭 자라서 어느새 4살이 되었다. 2004년 4월에 태어나서 2008년 3월 유치원에 다니기 시작했다. 춤도 잘 추고, 그림도 잘 그리는 멋진 유치원생으로 자랐다. 성격도 다른 아이들에 비해 차분했고, 만들기를 할 때는 꼼꼼하게 손재주가 있었다. 어쩌면 평상시 관심도 없었던 십자수를 태교할 때 열심히 했기 때문인지는 모르지만, 그 영향이 조금은 있지 않았을까? 그래서 진정한 자녀교육의 시작은 태교할 때부터라고 확신한다.

자녀교육에 대한 고민은 끊임없이 계속됐다. 아들과 함께 재미있게 무언가 할 수 있는 것이 없을까 고민하다가 중앙대 산업교육원이라는 평생교육기관을 통해 '어린이 영어지도자' 과정을 신청했다. 영어교육에 관심은 있었는데, 유아 영어 교육법은 어떻게 접근해야 할지 몰라 공부하기로 마음먹었다. 이 결정이 만학도가 될 수 있도록 인생의 방향을 잡아준 계기가 된 것이다.

'어린이 영어지도자' 과정에서 아이와 함께 영어학습용 도구도 만들었다. 수학 교구를 만들기 위해 비즈를 많이 사서 실에 꿴 후, 10단위, 100단위, 1000단위를 익혔다. 도형 공부를 하기 위해 맛있는 과자를 먹으면서 감각을 통해 놀면서 영어를 접할 수 있도록 했다. 그리고 아들 앞에서 영어 스토리텔링을 연습했다. 엄마가 영어책을 읽으니 아이도 함께 관심을 보이는 것이다. 생활 속에서 재미있는 방법으로 영어를 표현하는 과정은 좋은 학습법이다. 그렇게 함께 한 그 추억이 있었기 때문에, 나이 든 엄마가 아들의 말벗이 될 수 있는 자격이 있지 않을까 싶다. 그리고 그 소중했던 경험은 지금까지 나의 경력으로 이어져 오고 있다. 일터에서 다른 아이들에게 영어책을 읽어주면서 재미있게 영어 공부하는 법을 공유하고 있노라면 예전 생각이 많이 나기도 한다. 나의 꿈은 영어책 읽어주는 재미있는 할머니가 되는 것이다. 나중에 손자들에게 '영어로 책 읽어주는 우리 할머니'라는 별명을 듣고 싶다.

 어린이영어지도자 과정을 마치고 나니, 평생교육을 전공하고 싶다는 생각이 들었다. 그래서 아들이 7살이 될 무렵부터 숭실대학교 대학원 평생교육학과를 다니기 시작했다. 더 늦기 전에 제대로 교육을 알아야겠다는 학습 동기로 만학도의 길을 선택한 것이다. 공부하는 엄마의 모습이 자녀교육에 부정적인 영향은 미치지 않을 것이라 확신했다. 나는 주말을 반납하며 4년 동안 대학원을 다녔고, 과제와 번역, 그리고 논문도 통과하여 2014년 박사학위를 받을 수 있었다.

대학원을 다니는 그 기간, 당연히 전업주부보다 아들을 챙기는 시간이 부족했다. 바쁜 척하는 못된 엄마 덕분에 아들은 스스로 하는 법을 배워야 했을 것이다. 엄마로서 더 충실해야 했던 시간을 공부하느라 써버렸지만, 아들은 그 또한 이해하는 것 같았다.

2) 초등학교 시절

만학도의 삶을 선택했기에 나는 엄마들 사이에서 왕따였다. 엄마들의 모임에서 어쩔 수 없이 왕따가 된 것이 아니라, 스스로 선택한 당당한 왕따라고 생각했다. 하지만 그 당시 아들의 마음을 세심하게 배려하지 못한 것이 후회가 된다. 초등학교 시절 아들은 내게 울먹이며 다가와 말했다.

"엄마! 친구들이 나만 빼고 어디로 여행을 간다고 귓속말을 많이 하던데, 나만 따돌리는 것 같아 마음이 좋지 않아."

신경 쓰지 말라고, 전혀 중요하지 않다고 했지만, 그 당시 아들은 마음의 상처를 크게 받았으리라 생각한다. 당시 나는 박사과정으로, 주말에는 대부분 시간을 학교에서 보냈다. 평상시에도 늘 노트북을 끼고 분주하게 살았다.

어느 주말 오후, 그날도 어김없이 책상에 앉아 집중하고 있었다. 누군가의 시선이 느껴졌다. 아무런 말도 하지 않고 눈으로 레이저 쏘듯 바라보는 아들의 모습 속에서 소리 없는 외침이 들렸다.

"바쁜 엄마는 나쁜 엄마야! 나랑 놀아주지도 않고!"

아들은 투덜거림 대신 오히려 나를 안쓰럽다는 듯 한참을 바라보았다.

"엄마는 다른 엄마들과는 다르게 왜 그렇게 공부만 해?"

생각해 보니 초등학교 1학년 아이라면 짜증을 부리면서 '엄마! 미워!'라고 몇 번을 으름장을 놓았을 텐데, 오히려 차분하게 물어보는 그 말투에서 표현할 수 없는 미안함을 느꼈다.

"엄마랑 같이 있고 싶지? 우리 도서관 가서 책 읽을까?"

엄마가 공부하는 시간이 필요했기 때문에 아들도 그 시간에 자연스럽게 공부 분위기를 경험해 본 것이다. 지나고 나서 생각해 보니, 어쩔 수 없는 이런 상황도 자녀교육의 일부가 아니었는지 억지로 퍼즐을 맞춰본다.

 이후에도 나는 엄마들의 모임에 참여하기가 점점 힘들어졌다. 그 당시 몇몇 친하게 어울릴 수 있는 학부모 모임에 들어가려면 몇 가지 조건이 필요했다. 첫째, 전업주부여야 가능했다. 일하는 엄마들은 모임에 참여할 시간도 부족하고, 마음의 여유도 없기 때문이다. 둘째, 모임에 참여하는 사람들과 어느 정도 비슷한 경제력을 갖추어야 했다. 물론 경제적 수준이란 상황에 따라 상대적으로 판단할 수 있다. 서울에 사는 동안 나는 경제적 수준이 높다고 생각해 본 적이 별로 없었다. 대학원 공부도 하면서 일을 해야 했기 때문이다. 셋째, 아이가 입소문이 나고 그 동네에서 제법 유명한 학원 몇 군데를 함께 다녀야 했다. 친한 엄마들끼리 자녀를 같은 학원에 보내면서 아이가 학원에 있는 시간 동안 그들만의 수다를 즐긴다. 하지만, 나는 학원에 큰 관심이 없었다. 보내더라도 편하게 다닐 수 있도록 집에서 가까운 곳을 정해 최소 2년을 다니도록 했다.

아들은 초등학교 1학년 때부터 스스로 자기가 해야 할 숙제나 준비물을 챙겼다. 그래서 처음에는 아이가 좀 뒤처지는 건 아닌가 생각했지만, 미래를 위해 스스로 할 수 있도록 기다렸다. 처음부터 엄마가 모든 것을 결정하고 조절하면, 나중에 아이 스스로 할 수 있는 것이 많이 줄어들기 때문이다. 자녀는 절대 부모의 욕심으로 양육되는 것이 아니라 책임감을 알고 세상을 알아가야 더 크게 성장할 수 있다. 처음에는 실패하더라도 일어나 다시 도전할 수 있도록 기회를 주어야 한다. 자녀를 믿고 응원해 주어야 하는 것이 부모의 진정한 역할이 아닐까?

초등학교 시절, 아들이 친한 친구의 생일 파티 초대를 받았다. 그런데 봉사활동을 해야 한다고 단호하게 거절했다는 것이다. 솔직히 난 봉사활동 시간도 알지 못했다. 자기 스스로 봉사활동을 정하고 시간을 기억해서 미리 정한 약속의 중요성을 알고 어려서부터 실천한 것이다. 친구의 생일 파티 거절 사건은 한동안 다른 엄마들 사이에서 입소문으로 번졌다. '재경이는 기특하게도 자기가 알아서 숙제도 하고, 봉사활동도 한다네. 그 엄마는 잘 챙겨주지도 않는데, 그 집 아들은 자기 할 일은 스스로 하는 기특한 아이야'라고 말이다. 아들 칭찬과 더불어 내가 못된 엄마가 되어 이야기하고 있다는 것을 알았다.

그 후 한동안 학교 관련 과제나 활동들을 친구 엄마들이 아들에게 직접 전화해서 물어봤다. 옆에서 지켜보는 나는 약간 웃음이 나왔다. 이런 현실이 나중에 어떤 결과를 초래할지 어느 정도 미래가 그려졌기 때문이다. 학생들의 봉사활동 시간과 장소는 엄마들이 정보도 공유하고 결정한다. 아이들은 학교 활동이나 그 외 과제를 하기 위해서는 반드시 엄마의 허락이 필요했기 때문이다.

'저는 잘 몰라요. 엄마한테 물어볼게요.'라는 문장은 아마도 아이들이 가장 많이 하는 표현이었을 것이다.

자녀가 해야 할 영역은 스스로 선택하고 결정해야 한다고 생각했지만, 부모의 도움을 요청할 때는 시간을 내어 함께 했다. 아무리 바빠도 소풍 가는 날에는 새벽에 일어나 김밥을 샀다. 아이가 아침에 일어나 집안 가득 풍기는 김밥 재료 향기를 맡으며, 김밥이 도시락으로 들어가기 전, 한 알을 입에 물리는 추억을 만들어 주고 싶었다. 어렸을 때 내가 엄마에게 받았던 그 사랑을 우리 아이도 느낄 수 있도록 정성을 다했다. 물론 소풍 가는 날이 자주 있지는 않았지만, 그럴 때마다 특별하게 시간을 내어 준비했다. 평상시 간식도 제대로 챙겨주지 못했던 엄마인데, 그 미안함을 김밥으로 표현한 것이다.

아이에게 간식으로 무엇을 해줄까 하고 냉장고를 열어보니, 냉동 만두가 있었다. 팬에 불을 올리고, 몇 분 동안 냉동 만두를 군만두로 변신시켜 접시에 담아 아들에게 건네주었다. 맛있게 먹으며 엄마를 칭찬하는 한 마디가 지금도 잊을 수 없다. '엄마! 난 엄마 요리가 이 세상에서 최고야!' 냉동 만두 하나로 이렇게 행복할 수 있다는 것, 힘이 나는 응원의 에너지를 경험한다는 것이 인생의 축복이 아닐까? 그래서 가끔 아들에게 나도 이렇게 이야기한다.

"이렇게 못된 엄마가 좋은 아들을 덕분에 사는 맛이 나네. 고맙다 아들! 사랑해"

어느 날 시어머니에게 연락이 왔다.

"닌텐도가 뭐니? 애한테 하나 사주거라"

"어머니! 아이 장난감 관련해서는 저를 믿고 그냥 맡겨주세요. 너무 어릴 때부터 게임기에 노출되면 아이 뇌에 좋지 않을 듯해요. 재경이가 가지고 싶어 하는 마음은 저도 잘 알고 있어요. 당장 갖고 싶은 것이 있어도 가질 수 없다는 것을 경험하는 건 그리 나쁘진 않다고 생각해요."

결국 닌텐도는 사주지 않았다. 최대한 돈으로 해결할 수 있는 장난감은 조금 부족하다고 여길 만큼만 주었다. 게임기는 특별히 사준 기억이 나지 않는다. 핸드폰도 아들이 초등학교 6학년이 되었을 때, 사주었다. 6학년이 되어야 핸드폰을 가질 수 있었던 사건이 있었기 때문이다.

핸드폰으로 게임이 정말 하고 싶었는지, 어느 날 아들은 내 핸드폰을 숨겨두고 몰래 게임을 즐기고 있었다. 새로 산 핸드폰이 없어졌다고 2~3일 동안 사방을 다 찾으며 돌아다니느라 진이 빠져버렸다. 집에 와서 힘없이 누워있는데, 아들이 살며시 내 곁으로 와서 말을 건넸다.

"사실은 내가 게임이 너무 하고 싶어서, 엄마 핸드폰을 숨겨주고 몰래 하고 있었어. 엄마가 핸드폰 잃어버렸다고 너무 힘들어하니까 더 이상 숨길 수가 없어서"

혼낼 수 있는 에너지조차 없었던 상태라서 그냥 아

이를 바라보았다. 아들은 혼이 날까 무서워서 잘못했다고 빌면서 우는 것이다.

"그래! 먼저 이야기해 줘서 고마운데, 다음에도 이런 일이 있으면 그땐 진짜 엄마가 크게 혼을 낼 거야. 앞으로 누구 물건을 숨기거나 거짓말하지 않기다. 그리고 이번 일에 대한 잘못의 책임으로 네 핸드폰은 6학년 때 가지는 것으로 약속하자."

아들은 동의했다. 본인이 무언가를 잘못했을 때는 그 결과에 책임을 져야 한다는 것을 아이도 그 사건을 통해 배운 것이다. 때로는 자녀의 성장을 바라보고 함께 하는 과정에서 부모는 인내심을 가져야 한다. 무슨 잘못된 일이 생기면, 감정적으로 화를 내는 것보다 다음에는 그런 일이 일어나지 않도록 문제를 해결하려는 자세가 중요하다. 물론 감정이 앞서서 아이의 마음을 아프게 하는 언행도 있었지만, 바르게 성장하리라 믿고 기다릴 수 있는 부모가 되기 위해 엄마도 노력하고 있다는 모습을 보여 주고 싶었다.

2014년, 아들이 10살이 되던 해 나는 숭실대학교 대학원에서 평생 교육학 박사학위를 취득했다. 무언가에 몰두하면 의지가 강한 편이라 40살이 넘은 나이에 취득한 박사학위는 정말 인생을 바꿀 수도 있는 자산이라고 생각했다. 목표와 성과를 중시하면서 살았기 때문이다.

그러던 어느 날, 남편이 '이제는 내가 하고 싶은 거 할 수 있도록 기회를 줄 수 있겠지?'라고 하는 것이다.

대학원을 다니면서 교육심리를 공부하던 중 남편을 내담자로 진단했던 때가 있었다. 결과는 자연을 너무 좋아하고, 농부가 원하는 직업으로 나타났다. 중년 남성으로 <나는 자연인이다>라는 프로그램을 좋아하며, 농촌에서 살고 싶어 하는 마음은 이해할 수 있었다. 하지만, 그 당시 우리 가족의 현실에는 적합하지 않다고 생각했다. 진단 결과는 그냥 참고하라는 자료이지 직접 실천으로 옮기기에는 현실적으로 무리수가 많이 따른다고 강조했다. 그런데 갑자기 남편이 눈물을 흘리는 것이다. '헉, 뭐가 잘못되었지? 저 사람이 지금 연기를 하는 것일까?' 남편의 생소한 모습에 당황스러웠다.

"내가 정말 원하는 것이 결과로 나와서 너무 좋아, 난 내가 도시에서 자영업을 하면서 농촌을 너무나 그리워하는 것이 잘못된 병인 줄 알았어. 이런 결과가 나올 수도 있고, 내가 정신이 이상한 것이 아니라고 하니 심적으로 안심이 되면서 큰 위로가 되는 것 같아."

아내로서 정말 받아들이고 싶지 않은 결과였고, 전혀 예상하지 못했던 분야라 그냥 슬쩍 이 상황이 조용하게 넘어가길 원했다. 하지만 남편은 본격적으로 귀농, 귀촌과 관련된 책을 한 달에 2~3권씩 사서 읽기 시작했다. 그 후로도 자주 시골에서 살고 싶다는 이야기를 자주 했다. 그럴 때마다 나도 지지 않고 말했다.

"여보. 애 다 키우고 다음에, 나이 더 들어서 50대 후반이나 60대가 되었을 때 다시 생각해 보면 어떨까?"

그렇게 흐지부지 귀농 이야기는 먼 미래가 되어 가는 듯했다. 하지만 우리에게도 뜻하지 않은 일들이 펼쳐지고 말았다. 박사 졸업 후 1~2년이 지난 어느 가을, 갑자기 남편의 얼굴에 안면마비 현상이 찾아온 것이다. 직전에 도시 생활의 피곤함과 스트레스를 심각하게 했었고, 상황은 점점 심각해졌다. 서울에서의 생활을 정리하는 것이 올바른 판단이라고 생각했다. 하지만 현실과는 다르게 그동안 살던 도시에서의 생활을 접고, 지방으로 가야 하는 변화를 쉽게 받아들일 수는 없었다. 마지막까지 서울에 남아있어야 할 명문을 찾고 싶었다. 남편만 시골로 보내고 가족이 떨어져 사는 것, 혹은 무작정 세간사리를 정리하고 사춘기 아들을 데리고 시골로 가는 것 모두 자신이 없었다.

서울을 떠나는 명분을 찾았지만, 농촌을 잘 모르면서 공동체와 함께 시골에서 살아보겠다는 이상만으로 무모하게 행동했던 것 같다. 교육과 창업 그리고 도시와 농촌을 연결하는 무언가를 만들 수 있을 것이라 착각했는지 모른다. 결국 우리는 2015년 아들이 초등학교 5학년이 되던 해부터 남편은 본격적으로 귀농을 준비했다. 귀농 장소로 우연히 찾은 곳이 경상북도 봉화다. 뭐가 그리 급했는지, 자세히 조사하지 않고 무작정, 즉흥적으로 결정된 부분도 없지 않아 있었다.

지금 돌이켜보면 귀농 생활에 절대적으로 해서는 안 되는 일만 골라서 했다. 호된 경험 후 얻게 된 **<귀농 생활을 위해 지켜야 할 가장 기본적인 요소>** 를 정리해 보았다.

첫째, 가족의 동의와 설득을 위한 충분한 준비 시간을 가져야 한다.
둘째, 잘 알지도 못하는 곳의 땅이나 임야를 성급하게 사면 안 된다.
셋째, 정 많은 시골이라고 사람을 너무 쉽게 신뢰하는 것은 금물이다. 최소 1~2년 이상은 함께하면서 서서히 적응하는 것을 추천한다.

귀농을 위해 해서는 안 되는 것이 있다. 다시 말해 **마음이 앞서 아무런 준비 없이 귀농을 시작하는 것은 절대 금물**이다. 농촌의 매력은 자연과 함께할 수 있고, 큰 욕심만 없다면 도시에서 사는 것보다 더욱 많은 것을 누릴 수 있다는 점이다. **농촌에서의 자녀교육도 도시와는 다르게 본인만의 경쟁력을 전략적으로 키울 수 있다는 것이 장점**이다. 급하게 어떤 목적을 이루겠다고 서두르지 말고, 가능한 모든 특성을 파악하고 상황을 알아가기 위한 충분한 관찰의 시간이 필요하다는 것을 알았다.

3) 중학교 생활

 중학교 시기는 인생의 방향을 결정할 수 있는 매우 중요한 기간이다. 성숙한 진로를 결정하기 위해서는 학습 기반의 적절한 경험이 중요하기 때문이다. 국가가 정한 법적 의무교육 기간은 초등학교 6학년을 포함해서 중학교 3년까지다. 중학교를 졸업하면, 일반 고등학교, 특수목적 고등학교, 특성화 고등학교를 선택할 수 있다. 그 후에 고등학교, 대학교, 대학원 등에 진학할 수 있지만, 이미 우리나라는 과잉 학력 사회로 흘러가는 모습이다. 간절하게 무엇을 전공하고 싶다거나 학구열을 가지고 학교에 진학해야 하는 것이 학습 동기를 높일 수 있는 원동력인데, 주변에서 그런 모습은 쉽게 찾아보기 힘들다.

 아들에게도 중학교까지의 의무교육을 강조했다. 다음부터는 학교도 다양하게 선택할 수 있고, 그 선택으로 인한 인생의 책임감이 바로 본인에게 달려있다는 것을 알려주었다. 전학을 갈 수도 있었기 때문에,

처음으로 경험하는 큰 변화를 천천히 준비할 수 있는 시간이 바로 중학교 시기였다.

"엄마! 나 중학교까지만 서울에서 친한 친구들과 함께 학교 다니고, 고등학교 때부터 아빠가 있는 봉화로 전학하면 안 될까?"

사춘기의 절정을 이루는 중학교 시기! 친구가 가장 소중한 보물이라고 생각하는 사회적 관계 형성의 첫 단계이기 때문에, 아들의 의견을 존중해 주고 싶었다. 결국 남편만 먼저 귀농 생활을 시작하고, 나와 아들은 천천히 경북으로 갈 준비의 시기를 가지기로 했다. 중학교를 졸업하면 고등학교는 다른 곳으로 가야 하기 때문이었을까. 아들은 서울의 중학교 생활에 의미를 두면서, 누구보다 성실하게 보내려고 노력했다.

중학교 성적은 학교에서 중간 정도였다. 다시 한번 신중하게 서울에서 입시를 위한 교육 전쟁터에 계속 남느냐 아니면 다른 방법을 고민해야 했다. 자녀를 키우는데 어느 순간이라도 중요하지 않은 시기는 없을 것이다. 진로를 고민하고 선택하는 중학교 시기는 인생의 큰 방향을 결정하는 매우 중요한 때다. 자녀의 진로를 함께 고민하고 그 방법을 찾기 위해서는 부모의 지혜가 필요하기 때문이다. 진정한 자녀교육은 부모의 사랑이 담긴 삶의 지혜를 알려주는 것이다. 그리고 본인 스스로 판단할 수 있는 사고력과 책임감을 키울 수 있는 기회를 주어야 한다. 부모는 아이의 숨은 재능을 관찰해서 그것이 발휘될 수 있도록 지원할 수 있는 시기를 놓쳐서는 안 된다. 신뢰성을 확인할 수 없고, 수준이 천차만별인 교육시장에 맡겨버리고 소중한 아이의 미래 준비 시간을 낭비하고 있지는 않은지 고민할 필요가 있다.

부모는 자녀를 낳아서 양육하고, 초중고를 보낸 후, 대학 입학금을 준비하면 교육비의 의무감에서 해방되리라고 생각한다. 그렇다면 다음은? 취업과 결혼, 그리고 결혼 후 생활까지 부모가 자식 걱정하지 않고 살아갈 수 있을까? 아들이 중학생일 때부터 먼 미래의 시간까지 진지하게 자녀교육을 고민하는 현명한 부모가 되고자 노력했다. 왜냐하면 나는 20대부터 취업을 위한 과정으로 이력서와 자소서를 쓰면서 보이지 않는 높은 사회적 장벽을 경험했기 때문이다. 아들은 그 벽을 조금이라도 덜 느끼고 지혜롭게 고비를 넘어가길 희망했다. 그렇다면 부모는 어떤 생각과 마음으로 미래를 생각하면서 준비해야 할까?

자녀는 너무나 소중한 세상에 하나밖에 존재하지 않는 걸작품이다. 그렇기에 부모가 할 수 있는 범위에서 최대한 남들과 비교하지 않고 자신의 인생을 멋지게 살아갈 수 있도록 그 길을 알려주어야 한다. 자녀의 길을 함께 고민하고 지지해 주는 자녀교육 예술가가 바로 부모다.

중학교 자녀교육의 방법으로 세 가지의 중요성을 알고 실천했다.

첫째, 개인마다 다른 정체성의 의미와 가치를 항상 마음속에 품었다. 정체성의 중요성을 간과했다면, 자식을 교육시장만 믿고 에너지를 쏟아부은 후, 부모로서 역할을 충분히 했다고 착각했을지 모른다. 정체성의 의미를 몰랐다면, 지인들의 떠도는 입소문을 믿으며 자녀가 미래에 발휘할 수 있는 색깔을 지켜주지 못했을 것이다. 만학도가 되어 시작한 공부가 자식교육에 긍정적인 영향력으로 미치길 희망했다. 부모이자 인생 멘토로 역량을 발휘하기 위해서는 공교육과 사교육의 장점을 적절하게 활용할 수 있어야 한다. 필요한 정보와 지식, 그리고 기술을 자신만의 내공으로 만들어 갈 수 있는 첫 시기가 바로 중학교 때다. 물론 교육의 가장 중요한 부분은 지식과 기술이 아닌 긍정적인 태도와 올바른 인성을 오랫동안 부모와 함께 만들어 가는 것이다.

자녀가 스스로 정체성을 찾아갈 수 있도록 부모는 안내자 역할을 해야 한다. 자신만의 정체성을 가진다는 것은 곧 본인 만의 색깔을 가지고 인생의 방향을 정할 수 있는 에너지를 의미한다. '살아갈 수 있는 에너지를 어떻게 모을 것인가?' 자녀는 중학교 사춘기 때부터 고민하게 된다. 정체성의 가장 바깥 부분을 둘러싸고 있는 것은 마음의 여과장치라고 볼 수 있다. 마음의 여과장치는 그동안 쌓아온 다양한 경험이나 능력, 심지어 상처, 고통 혹은 거절 받은 아픔까지 벽을 쌓아 보호한다. 사람마다 다른 크기와 두께로 마음의 여과장치를 위한 벽이 형성되는 것이다. 그 벽은 개인마다 다른 타고난 재능과 능력을 감싸고 있다. 이때, 재능과 능력 이면에 숨겨진 성격, 인성, 그리고 신념을 잘 조화롭게 다루어야 한다. 물리적 유산이나 강한 정신력은 보이지 않는 희망과 꿈으로 연결하되, 미래가 미리 정해진 운명으로 판단하지 않도록 주의해야 한다. 아이의 미래는 부모 혹은 주변 사람이 얼마나 관심을 두고 지켜보면서 믿고 지켜봐 주느냐에 따라 결정된다, 즉 정체성을 바르게 형성해 가기 위해서는 주변에서 얼마나 그리고 어떻게 사랑의 에너지를 공급해 주느냐가 중요하다.

정체성의 가장 중심에 있는 것이 바로 'Super core'이다. 가장 핵심적인 부분을 잘 보전하기 위해서는 그 곁을 감싸는 능력과 성격, 유산이나 정신력 등이 본인의 색깔로 발휘되어야 한다. 그래야만 본인의 꿈을 실천할 수 있는 에너지가 나올 수 있다. 만약 그렇지 못할 경우, 마음의 장벽은 부정적인 상처나 거절로 무너질 수 있다. 아이들이 정체성을 바르게 만들어 갈 수 있도록 현명한 지혜와 사랑을 주는 것이 바로 부모의 중요한 역할이다.

부모가 절대 해서는 안 될 것이 있다. 아이를 부정적인 시각으로 바라보고 마음을 표현하게 되면, 아이의 보물과 같은 재능은 거의 사라지고 일그러진 정체성만 남게 될 확률이 매우 높다. 부정적인 생각이 강해지면 타고난 능력이나 재능, 희망, 인성과 성격이 긍정적으로 발휘되기 어렵다. 예를 들어, 우리의 몸은 외부의 공격으로 상처를 받게 되면, 이를 보호하기 위해 피부에서 변형이 일어난다. 피가 나거나 퉁퉁 붓게 되어 우리는 고통을 느낀다. 정체성도 외부로부터 공격을 받게 되면 처음의 모양에서 변형되어 기형적으로 바뀔 수 있다. 더 이상 상처를 받지 않기 위해 마음의 여과장치가 기형으로 커지게 되면, 내면에 있던 소중한 재능들이 원래 자리를 잃거나 사라지게 된다.

마음의 여과장치가 적당한 두께와 모습으로 유지되어 세상의 충격을 잘 받아들일 수 있는 기능을 해야 한다. 하지만 알록달록 보물과 같이 빛나야 하는 정체성이 시퍼런 모습으로 변해서 '나는 상처를 너무 크게 받아 아무것도 할 수 없어요!'라고 외치며 아파할 수 있다. 이때, 상처 난 아이의 정체성을 사랑의 힘으로 다시 회복시켜야 한다. 우리 아이만의 정체성이 형성될 수 있도록 가장 소중하게 생각하는 것, 무엇을 할 때 가장 행복한지 함께 고민하고 많은 대화를 나누는 것이 필요하다. 정체성 가장 핵심에 있는 'Super core'가 다시 아이만의 무한한 잠재적 능력을 찾을 수 있도록 힘과 회복의 에너지를 주기 때문이다. 우리 아이가 세상에 태어난 이유, 즉 부르심이라는 감동이 전해질 때, 정체성은 다시 보석 같은 색깔로 빛을 발할 수 있을 것이다.

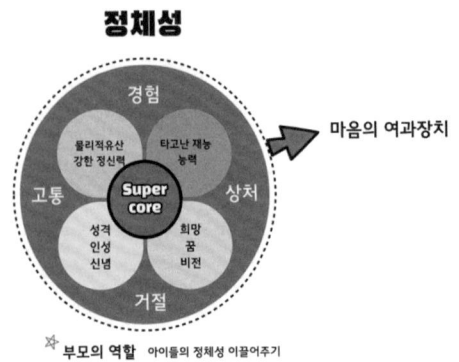

☆ **부모의 역할** 아이들의 정체성 이끌어주기

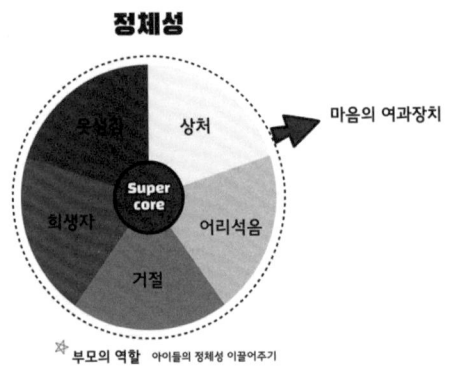

☆ **부모의 역할** 아이들의 정체성 이끌어주기

둘째, 자신의 정체성을 구체적으로 고민할 수 있도록 진로 검사 도구를 활용했다. 마침, 새로운 교육진단 도구 개발에 몰두하고 있었다. 엄마의 평상시 모습이 진로를 연구하는 시간이 많았기에, 아들은 그리 낯설지 않게 받아들였다. 아이와 어떻게 함께 시간을 보내느냐가 정말 중요하다. 그래서 엄마가 또 무슨 일을 하는지 호기심이 생길 수 있도록 유도하는 것이 좋다. 이번에는 직업 세계를 탐색하면서 자신을 이해할 수 있는 행동을 찾고, 미래 직업을 어떻게 준비해야 하는지 함께 고민했다.

어느 날 개발이 거의 완료된 블루존 작업 카드를 내밀었다. 블루존 직업 카드는 개인별 적성을 분석하여 새로운 농촌 관련 유망 직업을 준비할 수 있는 정보 제공형 카드다. 6가지 홀랜드 코드(R형, I형, A형, S형, E형, C형)를 기준으로 유망 직업을 분류하여 적성과 관심 분야 진출 방법을 조사하면서 진로 포트폴리오를 구상할 수 있는 교육 도구다.

Blue-Zone Job Card 41
블루존 직업카드 41

개인별 적성을 분석하여
새로운 농축산 직업을 준비할 수 있는
나만의 비밀 병기 진로 카드!

연락처   nabakuh730@naver.com
홈페이지 www.tunno.co.kr
주소   경북 봉화군 물야면 오전리길 156-159
기획   (주)다빈프레스, 채승우 대표, 성하윤 PM
디자인   한국브랜드디자인연구소, CiWin l 방형, 일치소프트(㈜) 김지현

* 블루존 직업카드 41의 저작권은 한국스마트팜귀농귀촌협회공익농축협에 있습니다.

R 현장형

특징
- 구체적인 눈에 보이는 특성의 가치 추구
- 질서 있고, 시스템적인 활동 선호
- 기계적, 기술적으로 도구를 사용하는 능력이 탁월

대표 형용사
실용적인, 규칙을 따르는, 자기를 내세우지 않는, 꾸준한, 천부적인, 냉정한, 검소한 물질만능주의

관련 직업
환경에너지 제어관리 전문가, 생태건축 전문가, 농촌체험 코디네이터, 유기농 카페 운영자, 재생에너지 전문가, 자원재활용 전문가

I 탐구형

특징
- 관찰력, 상징적 패턴의 활동 선호
- 탐구적인 능력을 사용하여 문제 해결
- 학문적, 과학적 능력이 탁월하지만 사회적 활동이 부족하다고 지각

대표 형용사
호기심 많은, 자아 성찰적인, 겸손한, 분석적인, 독립적인, 조심스러운, 정확한, 내성적인 합리주의

관련 직업
기후변화전문가, 친환경 병해충 방제 전문가, 정밀농업 기술자, 노인 돌봄 전문가, 건강기능식품개발자, 의약품 신소재 개발자

A 예술형

특징
- 눈에 보이지 않는 심미적 가치 추구
- 물질적, 언어적, 인적 자원을 자유로운 방법으로 사용하는 활동 선호
- 자기 성찰적이고, 독창적인 예술적 능력이 탁월

대표 형용사
새로운, 상상력이 풍부한, 섬세한, 독창적인, 관행에 따르지 않는, 감정적인, 비실용적인 직관주의

관련 직업
전통식품전문가, 전통공예전문가, 치유농업전문가, 숲치료사, 지역사회예술기획자, 생애설계플래너

E 진취형

특징
- 정치적이면서 경제적인 성취에 가치 추구
- 진취적인 능력을 사용하여 사람들에게 인정 받으려 함
- 리더십, 대인관계와 관련된 능력이 탁월

대표 형용사
정열적인, 설득력이 높은, 사교적인, 말이 많은, 관심을 받는, 에너지가 넘치는 모험주의

관련 직업
도시농업 컨설턴트, 고용서비스 상담가, 농업경영컨설턴트, 마을기업 운영자, 급식지원센터 관리자, 공정무역전문가

C 관습형

특징
- 자원의 재생산, 기록의 보존관리와 같은 시스템적 데이터에 가치 추구
- 전통적인 능력을 사용하여 문제 해결
- 질서 있고, 사무적이면서 수에 대한 능력이 탁월

대표 형용사
순응하는, 조심스러운, 실용적인, 자기 통제적인, 감정표현을 꺼리는, 방어적인 양심주의

관련 직업
곤충전문 컨설턴트, 지역재생연구원, 어택관리시스템 개발자, 생태 에메니티 전문가, 반려동물 간호사, 귀농귀촌플래너

S 사회형

특징
- 사회적이고 윤리적인 활동과 문제에 가치 추구
- 치유하면서 이해하려는 활동 선호
- 다른 사람을 도와주면서 가르치는 능력이 탁월

대표 형용사
친절한, 이해심이 많은, 남을 도와주는, 책임감 있는, 따뜻한, 지배적인, 통찰력 있는 이상주의

관련 직업
약용식물 큐레이터, 그린 마케터, 지역사회보건 간호사, 지역사회교육 코디네이터, 커뮤니티 비즈니스 전문가, 재활치료사

"엄마랑 직업 카드놀이 한번 해 볼까? 다양한 직업도 확인하면서 좋아하는 직업을 알아보는 거란다."

주일 오후 아들은 다양한 직업을 관심이 있는 분야와 관심이 없는 분야로 나누어 선택했다. 그리고 매우 진지한 표정으로 직업의 세계를 관찰했다. 결과는 RIC(Realistic, Investigative, Conventional) 육각 모형이 나왔다.

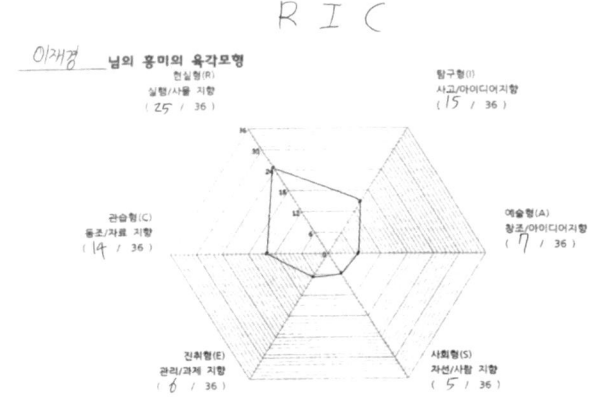

아들의 RIC 육각 모형을 보면서 결과를 설명했다.

"우리 아들은 현장을 다니면서 일하는 것을 좋아하겠네. 그 현장이 자연이 될 수도 있고, 여러 지역이 될 수도 있겠지? 직접 눈으로 관찰하면서 꾸준하게 연구하거나 기계나 도구를 사용해 무언가를 잘 만드는 능력도 매우 탁월하네. 그리고 재무적인 상황을 잘 파악해서 어떤 조직의 리더로서 일도 잘 할 것이고, 호기심과 탐구력이 있어 조용히 학습하는 능력도 있단다. 어떤 조직이나 시스템이 구성된 곳에서 사무적인 일이 어울리는 모형이라 공무원 아니면, 공기업에 들어가는 것을 추천하고 싶은데, 이렇게 진로 방향을 정하고 미리 준비하면 어떨까?"

이 결과 모형을 두고 오랫동안 아들과 이야기를 나누었다. 자신의 진로가 육각 모형 결과만 보고 마치 미래가 정해진 듯 성급한 판단을 하는 것은 오히려 위험할 수 있다. 단지 참고해서 적성에 따른 비전을 세우고 그에 따른 과제를 정해 구체적으로 행동하는 것이 중요하다. 새로운 방법을 찾아 시도하고 상황에 맞추어 실천하다 보면 우연히 행운을 만날 수 있다. 바로 준비된 자에게 인생의 선물이 찾아오는 것이다.

  진로의 방향을 크게 정하고 무엇을 준비해야 하는지 생각하다 보면 학습 방법도 전략적으로 그려질 수 있다. 내성적인 성향이라 친구들이랑 어울려 학습하는 것보다 목표를 정해 자신만의 공간에서 공부 방법을 찾아보는 과정을 선택했다. 이 모든 과정이 정말 소중한 시간이었다.

셋째, 진로의 방향을 결정해서 과감하고 담대하게 실행했다. 대부분 조직이나 사회는 그동안 진행해 오던 방식이나 보이지 않는 질서가 존재한다. 새롭게 변화한다는 자체가 쉽지 않다. 미래를 대비하기 위해서는 우리가 어디에 속해서 어떤 방식으로 살아가는지 객관적으로 생각해 볼 필요가 있다. 생각과 몸이 동굴 안에 갇혀서 그곳이 전부라고 판단할 수 있기 때문이다. 특별히 교육자라면 변화된 사회를 먼저 개방적으로 받아들이고 학습자들이 잘 적응할 수 있도록 다양한 학습 전략을 기획하면서 실천하는 방법을 공유해야 한다.

지금의 교육 현실은 어떠한가? 교육뿐만 아니라 기존의 이익 집단이 약간이라도 피해가 될 수 있는 변화는 최대한 시도하지 않는 것이 현 사회의 숨겨진 모습일지 모른다. 하지만 긍정적인 변화를 일으키려고 몸부림치는 사람들로 인해 변화의 가능성은 항상 존재한다. 변화를 일으키는 사람들의 특성은 현실을 다양한 관점으로 관찰하면서 본인이 옳다고 생각하는 일은 과감하게 추진하는 도전 정신과 돌파력을 가지고 있다. 변화가 필요한 시기에 힘과 용기를 품고 그것을 실천할 수 있도록 담대함을 키워주는 것이 교육의 진정한 의미를 실천하는 것이 아닐까?

영어 학원에서 주최하는 고등학교 진학 입학 설명회에 참석했다. 강사는 영재고, 과학고, 자사고, 일반고 등을 비교 설명하면서 목청을 높였다. 설명을 마치고 질문하는 시간이 왔다. 나는 기회를 놓치지 않고 제일 먼저 손을 번쩍 들었다.

"저 질문 있어요. 왜 마이스터고나 특성화고는 설명하지 않으시죠?"

당시 나는 특성화고 관련 연구 프로젝트를 진행하고 있었기 때문에, 과감하게 질문했다. 갑자기 학원 원장이 난감한 표정으로 강사가 답변도 하기 전에 이렇게 말하는 것이다.

"어머니! 우리 애가 비행기 운전대 잡을 기회를 먼저 생각하셔야죠. 처음부터 비행기 바퀴부터 닦게 하려고 그런 거 물어보시는 건 아니죠? 우리 동네 어머니는 맞으세요?"

 질문한 사람에게 핀잔을 주고자 던진 말이 분명했다. 상황도 모르면서 어떻게 그런 질문을 할 수 있느냐는 시선으로 주변 학부모들도 나를 힐끔힐끔 보았다. 그리고 나의 그 질문은 답변 없이 그냥 무시되었다.
 작고 약하게 보이는 모습으로 단단하게 쌓아 올려진 사교육 시장이라는 바위를 조금이나마 움직일 수 있을까? 당연히 불가능하다. 그냥 '조용히 나의 갈 길을 가자'라고 생각했다. 그 당시 특성화고는 사교육 시장과는 이윤추구 면에서 거리가 멀었기에 분위기상 관심 대상이 아니었다. 즉, 눈치 없는 학부모가 되었다.

 '아! 나는 이 동네에서 진짜 왕따구나'

하지만 기분이 그렇게 나쁘지 않았다. 지역과 여러 가지 상황마다 교육 방법에서 느낄 수 있는 차이가 존재하기 때문에, 정답은 없다. 아니라고 판단되면 박차고 나와서 다른 방법으로 교육 격차를 좁힐 방법을 선택하면 된다.

In 서울! 자녀교육 성공의 정답일까? 공부를 위해 대부분 진학을 수도권으로 가는 것을 목표로 정하지만, 상황에 따라 반대로 한번 해 볼 수도 있겠다 싶었다. 그렇다 세상은 독자 생존이다.

무언가 중요한 문제를 해결하기 위해 우리는 얼마나 생각하고 결정하는가? 시간이 흘러 과거를 돌이켜봤을 때, 그 시기가 얼마나 중요했었는지 모르고 그때 너무 섣부른 판단을 했다고 후회했던 적이 많았다. 그래서 아들의 진로 방향을 결정해야 할 때, 더욱 신중해야 함을 깨달았다.

신념은 점점 확고해졌다. 그 신념을 뒷받침해 준 것은 바로 아들의 적성을 진단한 검사와 창의적 문제해결 방법론을 공부한 자료다. 적성 검사를 하면 어떻게 해석해서 실천하느냐가 중요하다. 그리고 창의적 사고를 중심으로 자녀교육의 구체적 적용 방법을 찾아 실천하기로 했다.

창의적 사고란 창의적으로 문제를 해결할 수 있는 본인만의 방법을 아는 것이다. 아래 그림은 이를 시각화한 자료이다.

참고 : 이경화, 최윤주(2014) 창의적 리더십. 학지사

1 단계: 자료를 찾아보고 상황을 분석해야 비전을 세울 수 있다.

아무 생각과 자료가 없는 사람에게 꿈은 무엇인지, 비전은 무엇인지 물어보면 돌아오는 답은 비슷하다.

"잘 모르겠는데요! 그런 거 안 물어보면 좋겠어요!"

창의적 사고의 핵심은 문제를 어떻게 진단하느냐다. 상황에 대한 면밀한 검토와 문제의 본질을 파악하는 것이 매우 중요하다. 이때는 실행을 위한 과정을 준비하면서 의사 결정을 하기 위한 다양한 정보사용 능력이 있어야 한다. 또한 집중하는 마음을 가지고 에너지를 쏟는 정도가 개인마다 다른 역량 수준이다. 그 수준은 단기간 높일 수 있는 것이 아니다. 호기심과 열정을 가지고 끈기 있게 관심 분야에 에너지를 쏟아야만 나만의 역량을 높일 수 있다.

2 단계: 과제를 정해보면 다양하고 많은 아이디어가 생각난다. 많은 양의 아이디어를 생각하고 다른 아이디어를 연결한다. 이때 섣부른 판단은 금물이다.

지금까지와는 다른 방법으로 참신함을 추구하기 위해 최대한 판단을 유보한다. 해결 방법을 찾는데 본인만이 즐길 수 있는 재미있는 요소를 찾아 몰입하는 것이다. 누가 시키지도 않았는데 스스로 좋아서 에너지를 쏟아내는 과정이 기쁘고 행복할 때 더욱 몰입할 수 있는 것이다. 몰입의 과정을 스스로 즐기게 되면, 그 분야의 전문가가 되는 길로 천천히 들어서게 된다.

3 단계: 자신만의 해결책을 선택해서 적용할 수 있는 방법을 찾고, 구체적인 계획을 가지고 실천하는 것이다.

전략과 전술은 다르다. 전략은 1단계에서 현재와 다른 목표 지점을 찾아 필요한 해결책이 무엇인지 관찰하고 기획하는 것이다. 목표 지점을 위해 다양한 생각을 해보고 그것을 재미있게 시도해 보는 것이 2단계다. 그리고 3단계인 전술은 전쟁터에서 무기를 들고 나가 싸우는 시기다. 전술적 사고로 현장을 직접 경험해 보는 것이다. 세상에 나갈 준비를 전술적 사고로 중학교 때부터 삶을 준비시키는 것이 못된 엄마의 교육법이다. 세상 돌아가는 상황을 읽을 수 있도록 부모가 간접적이든 직접적이든 기회를 제공해야 한다. 진정한 지혜란 삶의 경험을 통해 갖추어질 수 있기 때문이다. 자신의 미래를 위해 무엇을 준비해야 하는지 충분하게 부모와 함께 고민하는 것이 필요하다. 못된 엄마는 중학교 때부터 자녀가 진로를 계획할 수 있는 능력과 실천할 수 있는 힘을 키워주는 사람이다.

4 단계: 전술이 필요하다. 나가서 현장에 나가 싸워야 하는 시간이다. 행동으로 옮기기 위한 마지막 기술로 실패하면 그만큼 책임감이 뒤따른다.

모든 일을 하는데 구체적인 계획을 잡고 실천할 수는 없다. 솔직히 인생을 살다 보면, 계획대로 되는 일은 거의 없다고 해도 과언이 아니다. 하지만, 자녀교육을 위해 어설픈 내 의지와 생각이 아닌 전문적인 도움을 받고 싶었다. 그래서 공부를 시작하게 됐고, 자녀교육의 방법을 찾았다. 그 과정을 함께 한 아들 덕분에 이런 이론을 실천했다고 지금에서야 당당히 말할 수 있다. 엄마의 정체성을 새롭게 볼 수 있도록 아들은 그동안 너무나 큰 선물을 엄마에게 꾸준하게 주고 있었다.

Ⅲ. 특성화고에서 취업을 위한 과정

In 서울에서 Out 서울로

예전부터 '말은 제주도로, 사람은 서울로 보내라'라고 사람들이 흔하게 이야기했다. 서울은 교육적 인프라가 잘 구성되어있다. 교육에 대한 정보와 경쟁력을 갖추려면 수도권에 있어야 한다는 느낌이 점점 강해지고 있다. 서울과 지방의 격차는 더욱 벌어지고 있는 것이 현실이다. 학령기가 높아질수록 인재라고 여기면 서울에 가서 더 많은 교육적 인프라의 혜택을 누려야 한다고 판단하는 부모가 많다. 하지만 너무 유행처럼 따르는 경향은 아닌지 신중해야 한다. In 서울을 한다고 모두가 행복해지는 것은 아니기 때문이다.

아들의 경우는 고등학교부터 산림 관련 전공을 공부하기로 했기에 Out 서울을 택했다. 당시 주변에서는 '집안 사정이 갑자기 어려워졌나 봐. 그러니까 시골로 가는 것을 결정했겠지, 고등학교 때 지방에서 서울로 애들을 데리고 와서 공부시키는데, 저 집은 반대로 하네!' 하며 말했다. 서울에서 중학교를 졸업하고 시골 고등학교로 가는 것은 흔하게 볼 수 있는 사례는 아니지만, 주변 사람들의 걱정 아닌 걱정에 대한 답변으로 '3년 후 우리 애가 어떻게 변하게 될지 기대해 주세요!'라고 외치고 싶었다. 기왕 그렇게 하기로 마음먹었으면 차라리 그 과정을 즐기는 것도 괜찮다. 그리고 아들이 고등학교 생활을 잘해 낼 것이라 믿고 응원했다. '우리 상황이 힘들어서 고등학교 진로 방향을 Out 서울로 택한 것이 아니라, 너의 적성과 미래를 고민해서 전략적으로 실행하는 거란다. 그 결과는 멋진 미래로 선보여질 것이라 확신한다!'

지금 시대의 사회적, 교육적 흐름을 모르고 무시하는 것은 아니다. 솔직히 그동안 살던 서울을 떠나는 것이 두렵고 불안했다. 진로 적성 진단에 나타난 결과에 따라 자연을 좋아해서 산림 관련 직업은 미래 유망 직종이라 판단했지만, 현실로 직접 실천한다는 것은 쉽지 않은 과정이었다. 어쩌면 그때의 상황에 맞추어 결과 해석을 그렇게 했을 수도 있다. 말하자면 **'자기 합리화'**라고 볼 수 있다. 자녀를 수준 높은 교육적 혜택을 누리기 위해서 대도시로 보내는 이유는 좋은 직장생활과 윤택한 삶을 누리기 위함이다. 좀 더 우아하게 생존의 문제를 해결하기 위해 어느 정도 경제적 여유가 있는 부모는 자녀를 서울로 일찍 유학을 보내거나 가족 모두 대도시로 이사하는 것을 선호한다. 서울에서 살겠다는 목표를 두고 열심히 공부하며 본인을 다지는 학생들의 동기는 눈으로 볼 수 없는 그 이상의 가치를 분명히 가지고 있다. 어떤 목표를 두고 삶을 준비할 때, 자기 관리의 긍정적인 에너지는 더욱 크게 만들어 갈 수 있기 때문이다.

각자의 인생 포트폴리오를 두고 본다면, 다양한 관점으로 성공이라는 의미를 생각해 볼 수 있다. 대부분 진학을 준비하는 학생들의 목표는 서울에 있는 대학으로 입학하는 것이다. 특히 요즘 인기 있는 의과대에 들어가기 위해서는 초등학교 입학 전부터 준비해야 한다고 한다. 7세 전에 인지 형성을 위한 뇌

구조가 어느 정도 완성되고, 특히 초등학교 4학년 때까지 고등 사고를 할 수 있는 뇌 발달이 거의 완성된다. 이를 알고 있는 부모들은 심지어 3살부터 진로의 목표를 정해 사교육을 시작한다. 그리고 사고 능력이 우수한 학생이라 판단되면, 자녀교육을 위해 서울로 가는 것을 현실적으로 심각하게 고민하게 된다.

대도시에서 다양한 정보와 사람들을 만나 교류하는 것이 좋겠다고 생각하기 때문이다. 결국은 고등교육을 졸업하여 어느 정도 이름이 알려진 기업이나 기관으로의 취업이 교육의 최종 목표로 보일 수 있다. 특히 안전과 근로 복지가 보장되는 직장에 들어가기 위한 경쟁률은 치열하다. 경쟁률보다 경쟁력을 가진 인재로 자녀를 성장시키기 위해서는 무엇을 어떻게 준비해야 할까?

경쟁력과 경쟁률이라는 단어 두 가지를 생각해 보자. 자녀가 어떤 분야에서 경쟁력을 갖출 수 있도록 부모는 지원하고 있는가? 경쟁률이 높은 분야에서 성공하려면 많은 시간과 에너지가 필요하다. 높은 경쟁률을 뚫기 위해서는 그만큼 탁월한 힘이 있어야 하기 때문이다. 우리 아이만의 경쟁력을 갖출 수 있는 교육을 부모가 점검하고 다양한 길을 함께 고려해보는 것이 필요하다.

대도시에 있다고 좋은 교육 환경 속에서 우리 아이가 잘 자랄 것이라 기대할 수 있다. 그렇다면 원하는 대학과 직장에 들어갈 수 있는 확률은 어느 정도일까? 물론 도시는 잘 갖추어진 교육 인프라 덕분에 지방보다 원하는 교육 시스템에 참여할 수 있는 접근 기회가 많을 수 있다. 하지만 적성도 고려하지 않고, 경쟁력을 갖춘다는 이유로 치열한 경쟁률 속에서 지적 능력만을 강조하는 교육 현실을 그대로 보장하고 있지는 않은지 고민해야 한다.

아들과 대화할 기회가 있었는데, 채용면접관으로 활동했던 나의 경험을 들려주었던 기억이 난다.

"일을 진행하는데 정말 그 분야의 전문가는 어떤 사람일

까? 그 분야의 대가라고 불리는 사람들은 오랫동안 열정과 끈기로 자기 분야에서 공을 들인 분들이지. 고등학교 때부터 진로에 맞는 전공을 공부하고 사회생활을 경험한 후 필요하다고 느낄 때, 그 분야를 열정적으로 공부한 사람들이 생각보다 많아. 진정한 전문가는 자신의 전공 분야에 대해 다양한 지식과 경험을 공유하면서 사회에 도움을 주지. 시간이 흘러 그 가치를 인정받는 경우가 많단다. 스스로 무엇을 하면 좋은지 진로를 먼저 선택하고, 필요한 공부를 하게 된다면, 그 과정 자체가 정말 재미있을 거야. 하지만 주변에는 본인의 꿈도 모르고 공부만 하는 사람들이 많지 않니? 고등학교 졸업 후 바로 대학에 입학하는 것도 좋지만, 세상을 알고 공부가 필요하다고 느낄 때, 진짜 몰입하게 되면 그동안 몰랐던 진정한 호기심이 더 생길 수 있단다. 그 길이 진정한 전문가가 될 수 있는 지름길이 될 수도 있어. 우리 아들이 어떤 분야의 전문가가 안 될지라도 그 분야에서 진정한 가치를 느끼면서, 나누면서 살았으면 좋겠어.

5년, 10년 후를 그리며 인생을 살아가는 데 많은 길이 있다는 것을 상상하고 폭넓게 생각하길 바란다. 남들의 시선이나 평가를 너무 의식하게 되면, 내가 진짜 원하는 삶,

그리고 그 삶의 가치를 찾지 못할 수도 있어. 아들은 자연을 좋아하고 산도 잘 타니까 3년간 고등학교에서 관련 전공을 공부하고 사회생활을 한 다음에 더 멋진 학업 생활을 하는 것도 너만의 진로 선택의 방법이 될 수 있어. 물론 순간순간 남들과 비교하는 마음과 부정적인 생각을 이겨내야겠지, 그 정도는 지혜롭게 잘 할 수 있을 것이라 엄마는 믿는다!"

고등학교 때 사회인이 된 아들

 1) 누구나 겪어야 하는 질풍노도의 시기

 2021년 어느 가을 오후, 아들한테 전화가 올 시간이 아닌데 전화가 왔다.

"엄마. 나 기숙사에서 나가라고 해, 그래서 지금 짐 싸고 있어."

"무슨 소리야? 농담하니? 아니 뭐라고? 다시 말해봐! 왜? 이유가 뭐야?"

 다급해지는 엄마의 목소리를 듣고 아들의 말소리는 점점 작아졌다. 기숙사의 규칙을 어긴 것이다.

"미안해 엄마.... 학교에서 바로 퇴사 처리한다고 했어."

"엄마가 좀 더 알아보고 연락할게! 퇴사라니, 세상에!"

"엄마 내가 더 공부도 열심히 하고 학교생활도 더 잘할게. 한 번만 나 믿어 주면 안 될까?"

학교 담당 선생님께 전화를 드려 기숙사를 나가야 하는 이유를 들었다.

"재경이가 기숙사에서 전자 담배를 피웠어요. 이번 일을 사례로 학생들의 기숙사 규칙을 강화하기 위해 그렇게 결정했습니다. 11월까지 학교 근처 자취방을 얻어주세요. 어머니!"

"선생님! 진짜 우리 애가 1년 동안 기숙사 사용을 할 수 없나요? 11월이면 시간이 없어요. 곧 추워지는데 도대체 애가 어떻게 학교로 통학해야 하는지 모르겠어요. 전자 담배를 한 번 피운 걸로 퇴사라니 선처를 고려해 주시면 안 될까요?"

평상시 학교 선생님께 연락도 자주 하지 않고, 태도를 강조하던 엄마가 선생님께 연락하고, 걱정하는 상황을 지켜보는 아들이 무척 힘들었을 것이다. 곧 나도 마음을 진정하고 학교의 뜻을 받아들이기로 했다. 그 사건 이후로 1년간 아들은 기숙사를 나가 근처 하숙집에서 조금은 불편하게 통학했고, 보이지 않는 학교 내에서의 시선도 이겨내야 했다.

학교 기숙사보다 시설이 더 좋은 곳에서 1년을 보내게 할 수도 있었다. 하지만 그렇게 하지 않았다. 아들에게 어린 시절부터 종종 해주었던 이야기가 있었는데, 어쩌면 그 순간이 지금이 될 수도 있지 않을까 하는 마음에서였다.

"아들! 몇 달 정도 아프리카나 동남아 같은 오지에 가서 생활 체험하는 거 어떻게 생각하니? 학생 때 한 번 정도는 경험하는 것도 좋지. 그러면 그동안 얼마나 편하게 잘 지냈는지 감사함도 느끼고, 인생을 바라보는 시각도 달라질 수 있어!"

아들은 그 말이 현실이 되었다고 했다. 어릴 땐 공감하지 못했던 말을, 이제는 충분히 이해할 수 있겠다며 웃는다.

"엄마! 내가 어릴 때 늘 하던 말, 나를 오지로 여행 보내고 싶다고 했던 말. 나 지금 오지에서 체험하는 거 같아! 하하하."

이렇게 시간이 지나고 나니 웃으면서 그 사건이 인생의 '전화위복'이라고 말할 수 있다. 예상하지 못했던 불길한 어떤 일이 생겼을 때 그것을 어떻게 해석하고 받아들이느냐, 그리고 다음을 어떻게 행동하느냐에 따라 새로운 기회가 다가올 수도 있다는 것을 알게 되었다. 위기가 다가왔을 때, 그냥 주저앉을 것인가 아니면, 새로운 힘을 내어 다시 시도할 것인가는 스스로 선택하는 것이다. 그것을 알고 긍정의 방향으로 변화의 시도를 택한 아들이 정말 고맙다.

# 자격증의 왕이 되다

 자신의 미래를 준비할 수 있는 혜택을 받은 직업이 바로 학생이다. 학생으로서 주어진 시간을 얼마나 잘 활용하느냐에 따라 인생의 방향이 결정되는 경우가 많다. 코로나 때문에 1학년 동안 거의 등교를 하지 못했지만, 2학년 때 질풍노도의 시기를 겪은 후, 마음을 다지고 미래를 준비하는 아들의 모습을 기억해 본다. 다음은 고교 시절 산림 관련 전공과 자격증 취득 과정을 아들이 직접 정리한 내용이다.

☐ 자격증 (분야마다 1개 이상 취득하기를 권유)

산림분야 자격증	1. 산림기능사(조교 활동 가능, 가장 먼저 취득하기)
	2. 임업종묘기능사
종자분야 자격증	1. 종자기능사
	2. 유기농업기능사
	3. 버섯종균기능사
조경분야 자격증	1. 조경기능사
기계분야 자격증	1. 지게차운전기능사
	2. 굴착기운전기능사(조교 활동 가능)
	3. 초경량비행장치 무인 멀티콥터 1종 (학교 지원 제도 활용)
정보화 자격증	1. 워드프로세서
	2. 컴퓨터활용능력(1, 2급) - 면접관들이 선호
기타 자격증	1. 한국사능력검정시험(1~3급) - 가능한 1급을 목표로 추가 가점 중 가장 큰 점수를 줄 수 있는 자격증
	CAD 자격증 : 가능한 교내에서 취득 가능

□ 자격증 준비

1. 자격증 공부는 cbt 홈페이지 활용
2. 5년간 출제 문제 풀이: 반복해서 외우다시피 공부하면 그 문제가 그대로 시험에 출제되는 경우가 있음
3. 핸드폰 앱 활용: 자격증을 위한 스터디웨이라는 앱 사용
4. 시험 접수 및 준비: Qnet, 코참패스 등 각종 자격증마다 신청 사이트가 다름. 시험 일정 잘 확인해서 도전하기

□ 성적 관리

　　*특성화고 과목: 일반과목과 전문과목으로 분류

1. 일반과목: 국어, 수학, 영어 등 과목
 - 일반과목 평가: 최소한 4, 5등급은 유지해야 공무원, 공기업에 지원할 때 제한에 걸리지 않음
2. 전문과목: 산림자원, 산림보호 등의 각 분야에 특화된 과목
　* 전문과목은 평가: 절대평가이고, 1~3학년 전체 성적 중 A가 50% 이상이어야 공무원에 지원 가능함. 공무원 준비를 하지 않더라도 모든 상황을 위해 성적 관리는 중요함

□ 학교생활

1. 모든 과목의 선생님에게 좋은 이미지 보이기
- 성실하고 긍정적인 모습을 평상시 갖추기
- 각종 활동 참여에 많은 도움을 주심

2. 수업 시간
- 피곤해도 절대로 자지 말고, 가끔 질문하면서 열심히 하는 모습 보이기

3. 동아리 활동
- 재미있어 보이고 하고 싶은 것을 선택하기
- 자격증 취득과 성적에 무리 되지 않는 범위에서 활동하기

4. 과목 외 활동
- 조교 활동은 해당 자격증을 취득한 학생 중, 담당 선생님이 우수 학생을 2학년 때 선발해 3학년까지 운영함. 자격증 실기시험 진행에도 참여하고 외부 활동이 많아 자기소개서에 활용할 내용이 많음

　　ex) 산림기능사, 굴착기 조교 활동 추천

- 청년 리더는 영농 학생들을 지원하는 프로그램으로 학교 근처에 있는 백두대간 수목원에 10번 이상 방문하여 활동 및 강의 청취
- 스마트집재기 시연은 산림기술인의 날에 학교 대표로 스마트집재기를 산림청장 등 많은 사람들 앞에서 시연하는 활동으로 담당 선생님 말씀을 잘 듣고 참고하면, 산림 관련 다양한 활동 기회의 기회가 많음
- FFK: 지역단위와 전국 FFK로 분류하여 진행. 항목을 잘 선택하면 입상해서 상금도 탈 수 있고 자기소개서에 들어갈 내용도 풍부해지니 활동 추천

합격을 위한 자소서

□ 경험/ 경력기술서

  저는 자연보호의 필요성을 경험으로 깨달았습니다. 어린 시절 아버지가 귀농하셨고, 화학비료나 농약에 온전히 의지하기보다는 자연 퇴비를 만들어 친환경적으로 농사를 지으셨습니다. 그렇게 3년 정도가 지난 후 너구리, 영지버섯 등 처음 보는 동식물들을 볼 수 있었습니다. 인간의 노력에 따라 회복되는 자연 생태계에 더욱 관심을 가지게 되었습니다.

  고교 시절 산림과 관련된 전공을 선택하여 산림조성, 산림보호 등의 산림 관련 교과목을 공부하며 산림과 자연 생태계에 관한 다양한 지식을 함양했습니다. 산림자원의 이해를 바탕으로 산림을 조성하고 보호하는 일련의 과정은 저에게 상당히 매력적인 내용으로 다가왔습니다. 평소에는 숲 정화 관련 봉사할 수 있는 동아리 활동에 참여했습니다. 숲 가꾸기 활동으로 건강한 숲 조성을 위해 필요한 역량을 성장시킬 수 있었습니다.

  야외 활동과 실무를 연결하여 산림기능사, 임업 종묘기

능사, 굴착기 자격증 등 8개의 자격증을 취득하였습니다. 임업 장비의 사용 능력과 유형별 상황에 대한 이해가 높다고 평가되어 교내 기능사 기술 조교 활동을 수행했습니다. 국가 기술 자격 시험과 훈련을 돕는 활동을 2년간 수행하였습니다. 시험 중 문제상황 발생 시 상황에 따라 요구되는 정확한 행동 요령과 수칙을 바탕으로 대처하여 안전사고 없이 성공적으로 시험을 마친 경험이 있습니다. 산림 관련 경험과 함께 의사소통 능력, 돌발상황 대처 능력 등의 실무 능력도 함양시켰습니다. 이렇게 갖추어진 역량으로 00공단에서 자연 생태계 보전을 위한 예찰, 생태 서비스 관련 프로그램 운영, 탐방객들의 금지행위 단속 등의 업무를 성공적으로 수행하겠습니다.

1. 동아리, 대외활동이나 직장 등에서 겪은 문제를 해결하기 위해 주도적으로 참여하여 상황을 변화시키거나 개선 시킨 사례에 대해 작성하시오.

교내에서 영농을 위한 프로그램인 청년 리더 활동에 참여했습니다. 목조주택, 유리온실 등의 시설을 팀별로 직접 제작했습니다. 목조주택을 건설하며 다양한 의견들이 나왔습니다. 지붕의 모양, 재료의 결정, 창문의 형태, 내부 전기 배선 등 모든 순간이 선택과 결정의 연속이었습니다. 저는 최대한 교우들의 의견을 들으며 최선의 의견을 제시하였습니다. 모두의 의견이 반영되고 만족하기 위해 적당한 양보와 적극적인 의견 제시가 필요하다는 것을 말하며 팀을 긍정적인 방향으로 이끌기 위해 노력하였습니다. 의사소통의 중요성을 깨달은 단체 활동이었습니다. 활동을 하던 중, 친구가 안전 장비를 착용하지 않은 채 드릴을 사용해 작업하던 도중 눈에 톱밥이 들어가 자칫 심각한 부상으로 이어질 수 있는 상황이 발생했습니다. 그때 교내에서 배웠던 응급처치 방법을 떠올려 손으로 눈을 만지지 않게 하고, 생리식염수를 이용해 눈을 씻어내어 이물질을 제거하였습니다. 올바른 응급처치로 큰 부상을 막을 수 있었습니다.

2. 타인과 협업 과정에서 주도적인 의사소통을 통해 목표를 달성한 경험과 그런 환경에서 본인이 중요하게 생각하는 것은 무엇인지 작성하시오.

산림기술인의 날에 학교 대표로 스마트집재기 시연을 했습니다. 큰 행사에 학교를 대표해서 나간다는 자부심과 책임감을 가지고 훈련에 임했습니다. 처음엔 훈련이 더디게 진행되었지만, 이를 해결하기 위해 서로 간의 의사소통을 중심으로 행동하는 것이 중요하다는 것을 알았습니다. 스카이라인 등을 선주에 설치할 때 무전기나 몸짓을 이용하여 상황을 정확하게 전파하였더니 작업 속도가 눈에 띄게 빨라졌습니다. 훈련을 반복하여 장비 사용 능력을 최대한 길러내었습니다. 이렇게 쌓아온 능력을 통해 스마트 집재기 시연을 성공적으로 끝마쳤습니다.

협업하는 상황에서는 경청하는 자세가 가장 중요하다고 생각합니다. 타인과 협업할 때 경청하는 자세로 소통해야 타인이 원하는 것과 타인이 처한 상황을 이해할 수 있습니다. 저는 교우들의 현재 상황을 주의 깊게 경청함으로 어떤 도움이 필요한지, 다음 작업을 수행해도 되는지 등을 판단할 수 있었습니다. 모두가 그러한 마음가짐으로 소통한 결과 성공적으로 시연을 마칠 수 있었다고 생각합니다.

3. 어려운 과업이 주어졌을 때 자신만의 특별한 관리 방법과 노력을 통해 성공적으로 추진하여 성과를 얻은 사례를 작성하시오.

농림업 관련 전진 대회 조경, 산림자원 분야에 출전해서 입상하였습니다. 전진 대회에서 입상하기 위해서 저만의 계획을 세웠습니다. 첫 번째로는, 그날 하루 동안 공부한 내용을 3일간 복습해서 배운 내용을 잊지 않는 것입니다. 두 번째로는, 함께 대회에 참가하는 교우들과 각자 예상 문제를 만들어 그 문제를 미리 풀어보는 것이었습니다. 교우들을 단순히 경쟁자라고 생각하지 않고 서로에게 도움이 되는 존재로 생각하였습니다. 모두가 함께 최고의 결과를 얻기 위해 노력하는 모습을 보며 저 또한 성과를 얻기 위해 최선을 다했습니다. 세 번째로는, 시험 문제들을 풀어보며 틀린 문제들은 꼭 5번 이상 다시 보는 것입니다. 이처럼 최선을 다해 노력한 결과 출전한 분야에서 입상을 할 수 있었고, 전국 전진 대회에까지 출전할 수 있었습니다. 저에게 주어진 과업을 최선을 다해서 성과를 일궈낸 것처럼 레인저로서 책임감을 지니고 자연생태계 보존과 다양한 지원사업을 추진하는 업무에서도 최선의 성과를 얻어내겠습니다.

4. ○○공단의 존재 이유와 그 핵심 역할은 무엇인지 설명하고 본인이 그 역할을 수행하기 위해 한 노력에 대해 작성하시오.

아무리 기술이 발달할지라도 인간은 자연 없이는 살아갈 수 없습니다. 자연의 소중함을 아는 사람들은 자연을 보호해야 우리가 살아갈 수 있다는 것을 알고 있습니다. 그러나 그 소중함을 모르는 사람들이 부지기수입니다. ○○공단은 우리나라의 다양한 지역 중 환경적으로 중요한 자연 지역을 국립공원으로 지정해 다음 세대에 물려줄 아름다운 자연생태계를 보호하는 역할을 하고 있습니다. 또한 ○○공단은 최근 치악산 국립공원에서 드론 활용 시연회를 진행하며 첨단 기술을 공원 관리에 사용하고 있습니다. 드론, 산림기능사 등의 자격증을 취득하여 지식을 쌓았고, 교내에서 기능사 기술 조교로서의 실무 경험을 쌓았습니다. 드론을 활용한 공원 순찰과 응급 물품 전달, 보전 또는 복원된 자원환경이 지속될 수 있도록 노력하겠습니다. 저의 직무 관련 경험은 체계적으로 산림을 관리하는 업무에 큰 도움이 될 것이라 확신합니다. 자연이 주는 가치와 행복을 알기에 이를 보전하는 ○○공단의 일원으로서 자연 생태계를 반드시 보전하겠습니다.

아들의 시선

질문 1. 아들이 바라본 엄마의 모습은 어떤가요?

 엄마는 언제나 바쁘게 일을 많이 하셨습니다. 어렸을 때부터 편안하게 쉬는 모습을 잘 볼 수 없었습니다. 다른 엄마들처럼 학부모 모임에 나가거나 주말에 가족들과 편하게 쉬는 모습을 거의 본 적이 없었습니다. 심지어 명절에도 엄마는 부엌에서 일을 마치고 노트북을 열고 또 다른 일을 했습니다.

 최근 들어 직장생활을 마치고 주말에 엄마를 보러 가면 주로 '회사에서는 특별한 일 없었느냐? 승진은 언제 하느냐? 대학 준비와 진로 포트폴리오를 미리 그려라!'라고 말씀을 많이 하십니다. 제가 필요한 건 따뜻한 위로와 격려인데 엄마는 늘 성과를 중시하는 분입니다. 잘 되길 바라는 마음에서 늘 다그친다는 것을 알고 있었지만, 엄마가 좀 더 여유를 가졌으면 좋겠습니다.

나이가 들수록 약해지는 엄마의 모습은 제 마음을 아프게 합니다. 언제나 강하고 씩씩하게만 지내실 줄 알았는데, 사소한 일에도 신경을 많이 쓰시고, 체력도 점점 약해지시는 것 같습니다. 이제부터는 제가 아들로서 따뜻한 위로와 격려를 엄마에게 보내드리고 싶습니다.

질문 2. 서울에서 태어나 시골로 고등학교를 선택한 이유는 무엇인가요?

 시골로 갔을 때는 중학교 3학년 졸업 직후였습니다. 물론 16년이라는 시간이 인생 전체를 보면 그렇게 긴 시간이라고 할 수 없다는 것은 알고 있습니다. 서울에서만 살아온 제가 정들었던 모든 것을 버리고 낯선 곳으로 가서 살아야 한다는 것이 처음에는 두려웠습니다. 고등학교는 봉화에 가서 공부해야 할 수도 있다는 말을 처음 들었을 때는 정말 세상이 무너지는 느낌이었습니다. 당시 엄마는 지방에서 일을 마치고 주말마다 나를 챙겨주러 서울에 오셨고, 그때마다 모든 기력이 소진된 상태였습니다. 아빠는 점점 야위어가며 농사일에만 집중하셨습니다. 서울에 있겠다고 고집을 부릴 수 있는 상황이 아니었습니다.
 '그래! 알겠어. 내가 고등학교는 시골로 가겠다고 결정하면 모든 것이 해결되는 거잖아!'라고 신경질적으로 엄마에게 말했던 기억이 납니다. 당시엔 친구들이 제일 소중하고, 사춘기를 겪고 있었기 때문에 새로운 곳에서 잘 적응할 수 있을지 자신이 없었습니다. 진로와 진학의 결정이 불확실해서 불안하다고 생각했습니다. 하지만, 이 글을 쓰면서 생각해 보니, 고등학교를 시골로 정했던 것이 평소 학원에서 듣던 최악의 길이 아니었음을 알게 되었습니다.

진로와 관련해서 도시와 시골 중 하나를 선택해야 한다는 것보다 더 중요한 것이 있습니다. 적성에 맞추어 고등학교를 선택해서 미리 관련된 경험을 하고, 미래에 대한 준비를 일찍 할 수 있었던 것은 큰 행운이었다고 생각합니다.

질문 3. 봉화에 있는 산림과학고에 다니면서 가장 기억에 남는 사례가 있다면요.

학교 기숙사에서 전자 담배를 몰래 한번 피우다가 퇴사 되었던 사건입니다. 그 사건 이후 1년간 친구와 함께 지냈던 자취생활은 정말 힘들었습니다. 기숙사 퇴사를 당했다는 사실이 너무 무서웠고, 자취방 또한 많이 열악했습니다. 학교에 가면 선생님들과 친구들이 좋지 않은 눈빛으로 바라보았던 것 같습니다. 그동안 즐거운 학교생활을 위해 쌓아왔던 모든 신뢰와 관계가 무너지는 기분이었습니다.

함께 자취했던 친구와 함께 이렇게 계속 살 수는 없다고 꼭 열심히 공부해서 성공하자고 다짐했던 기억이 납니다. 사건 전에는 공부해야겠다는 동기가 부족했고, 열심히 살아야 할 이유를 찾지 못했습니다. 자취방이 특히 추운 겨울에는 너무 열악했고, 학교에서 쏟아지는 부정적 시선들이 정말 싫었습니다. 하지만 그런 상황을 극복해서 좋은 방향으로 고등학교

생활을 마무리하고 싶었습니다. 그것이 성장할 수 있었던 기회였다고 생각합니다. 생각해 보면 부끄러워서 조용히 묻어두고 싶은 사건이었지만, 반대로 새롭게 마음먹고 학창 시절을 보낼 수 있었던 소중했던 시간이었습니다.

질문 4. 고등학교를 다니면서 취업을 준비했던 과정을 설명해 주세요.

자격증, 학교 내에서 진행했던 '청년 리더, 집재기 시연 등의 활동, FFK(Future Farmers of Korea) 한국 영농 학생 연합회'에 참여하며 경험을 쌓았습니다. 학교에서 다양한 활동들을 하며 '아! 난 경험을 많이 쌓아서 취업하기 위해 노력해야지' 같은 생각은 하지 않았습니다. 그저 학교에서 추천하는 활동들과 산림 관련 자격증을 취득하는 것이 재미있어 보였고, 하면 할수록 멋있어 보였습니다. 그렇게 하다 보면 어떻게든 되겠지 라는 단순한 생각을 가졌습니다. 1, 2학년 때는 자격증 취득 및 관련 직무 경험을 쌓아 나가는 것을 중심으로 준비하였고, 3학년이 된 후엔 한국사 등 필수 자격증 외에 NCS를 집중적으로 공부했습니다.

질문 5. 대학생이 아닌 사회인으로 20살을 맞이하는 심정은 어땠나요?

 취업 합격 소식을 처음 접했을 때, 마치 세상을 날아다닐 것만 같았습니다. 그동안 노력했던 결과가 이루어졌고, 공공기관에서 국가를 위해 일한다는 사실이 정말 큰 자부심으로 다가왔습니다. 주변 친구들로부터 많은 축하를 받았고, 스스로 행복한 나날을 보낸다고 느꼈습니다.

 하지만 시간이 갈수록 좋은 것과 힘든 것이 생기기 시작했고, 어린 나이에 시작하는 조직 생활은 그리 만만치는 않습니다. 고등학생 시절 취업을 목표로 열심히 준비했고. 꿈을 이루었지만, 막상 직장생활의 현실은 어려운 부분들이 많다는 것을 알아가고 있습니다. 사회인이 되어 어떤 일에 책임을 지면서 돈을 번다는 것은 그냥 단순히 열심히 하는 것이 아니라는 것을 배웠습니다. 내가 실수하면 조직에 피해를 끼칠 수 있고, 수직관계의 조직문화 속에서 사회인으로 적응해 나가기란 18살 고등학생에겐 그리 쉽지 않았습니다.

지금 대학생 친구들은 OT, MT 등 여러 가지 대학교 활동에 참여하면서 정말 신나게 여유를 즐기고 있습니다. 대학에 들어간 친구들의 생활을 엿보면서 '나는 여기서 무엇을 위해, 무엇을 하고 있는 것일까?'라는 질문이 머릿속을 맴돌아 마음을 어지럽게 했습니다.

직업 특성상 새벽에 갑자기 비상 근무를 서야 할 때도 있기에, 잠을 자는 시간에도 항상 핸드폰 소리를 최대로 키워놓고 잡니다. 어느 날 새벽 4시에 전화가 와서 '아.... 또 비상 근무를 해야 하나?'라는 놀란 심정으로 전화를 받았는데, 회사가 아닌 술에 취한 친구들에게 전화가 왔었습니다. 토요일에도 불구하고 출근해야 했는데, 급한 회사 일도 아닌 새벽 시간. 대학생이 된 친구들에게 전화가 오니 마음이 조금 불편했습니다. 솔직히 친구들의 그런 자유로운 생활이 조금은 부럽습니다. 고통과 인내의 시간을 보내면서 고등학교까지의 학창 시절 동안 열심히 했던 보상을 대학 생활을 하며 누릴 수 있는 청춘의 시간을 저는 놓치고 있는 것 같습니다. 그래서 당시 약간 우울하기도 했습니다.

열심히 준비해서 원하는 곳으로 취업했지만, 쉴 틈도 없이 일하고, 배우고 또 많은 업무 관련 지적을 받으면서 조직에 적응하고 있습니다. 반복적인 생활을 하면서 사회인이 되어가는 과정인 듯합니다. 어른들은 사회인으로서의 성숙을 먼저 경험하는 것이고 대학 캠퍼스 생활은 마음만 먹고 준비하면, 몇 년 후에 더 멋지게 즐길 수 있을 것이라 합니다. 하지만 지금은 그 조언이 마음속으로 받아들여지지 않습니다.

가끔 고등학교 후배들에게 연락이 옵니다. '형! 진짜 OO공단에 취업해서 다니는 모습이 정말 부러워요' 이런 말을 들으면 기분이 좋습니다. 하지만 원하는 곳에 취업한다면 정말 즐겁고 행복한 일들만 생길 것이라는 환상은 깨졌습니다. 직장생활이 마치 동전의

양면처럼 긍정적이고 부정적인 면이 동시에 존재하는 것을 알았습니다. 학생에서 바로 사회인이 되어 처음 느껴보는 책임감을 실감하고 있습니다. 그렇게 배운 현장과 행정 업무들이 조금씩 익숙해지는 것, 고심 끝에 작성한 보고서가 한 번에 통과되는 순간의 기분은 그야말로 짜릿했습니다. 매월 통장에 들어오는 월급을 보면 뿌듯해지는 것은 덤이고, 가끔 근무복을 입은 채 거울을 보면 멋있어 보이기도 합니다.

20살이 되기 전 사회인이 되어 조직 생활을 경험하는 그 자체가 일반 친구들과 비교하면 다른 방향으로 인생을 살고 있다는 것을 알고 있습니다. 앞으로 어떻게 나의 미래를 잘 그려나갈 수 있을지 고민입니다. 제가 선택한 이 길을 초심을 잃지 않으며 꿋꿋하게 걸어가고 싶습니다. 지금까지 해온 대로, '현실에 충실하다 보면 어떻게든 되겠지?'라는 마음으로 조금은 여유를 가지면서 살겠습니다.

Ⅳ. 부모에서 다시 나로

진정한 자녀의 독립을 위한 부모의 준비

행복한 부모로 거듭나기
자식은 인생에서 가장 소중한 선물

 세상에 태어나서 가장 뿌듯하고 잘했다고 스스로 칭찬하고 싶은 것은 부모가 된 것이다. 부모로서 역할을 했기에 세상살이 안목을 넓힐 수 있었다. 부모로서의 경험이 없었다면 이렇게 글도 쓰지 못했을 것이다. 물론 자식을 낳는 순간부터 육아와 교육, 그리고 어떻게 아이를 잘 키워 독립시킬 것인가가 부모의 큰 인생 숙제이기도 하다. 하지만 지난 시간을 돌이켜 보니 성숙할 수 있도록 도와준 존재가 바로 자식이었다.

 2022년 8월 아들이 고3이면서 18세였던 여름 방학 기간 취업했다. 고등학교 1학년부터 진학이 아닌 취업의 길을 가기로 선택해서 인생의 1차 목표를 이룬 것이다. 너무 이른 나이에 먹고 사는 문제를 해결할 수 있는 어른이 되어 버렸다. 사회의 첫 조직문화를 경험하는 아들은 10대다. 10대라는 나이에 정식으로 사회 시스템에 들어가 조직문화를 접하면서 경제적으로 독립했다는 사실은 정말 고마운 사례다. 보통 대학에 들어가기 전에 먼저 세상을 알아가겠다는 결정은 그리 흔하지 않기 때문이다. 우리나라는 고등학교 졸업 후 바로 대학에 들어가는 확률이 70%가 넘는다. 서울에 있는 아들 친구들은 대부분 낭만적인 대학교 캠퍼스 생활을 즐기고 있다. 친구들이 대학 생활을 즐기는 동안 본인은 직장인으로 얽매인 시간을 보내고 있다고 느낄 수 있다.

하지만 미래를 좀 더 길게 본다면, 다양한 방법으로 대학에 진학할 수 있는 길도 많다. 특성화 고등학교를 졸업하고 3년 정도 직장생활을 한 후, 원하는 대학에 들어가서 관련 전공 분야를 공부할 수 있는 '선취업 후진학'의 길도 있다. 세상의 다양한 경험을 가진 후, 대학에 진학하면 더욱 폭넓은 관점에서 학문을 접할 수 있다. 그 시간을 자신에 대한 투자라고 생각한다면, 남들과는 다른 자신만의 미래를 더욱 단단하게 준비할 수 있게 된다. 즉, 인생의 다양한 문제를 바라보는 눈이 변하게 되고, 현실적인 해결 방법을 구체적으로 구상해서 도전할 수 있게 된다.

 아들은 관계의 문제와 자아실현의 문제에 부딪히면서 인생의 매듭을 풀어가야 한다. 세상 경험이 많은 어른들도 쉽게 풀기 힘든 것이 인간관계 그리고 자아실현의 문제다. 이제 아들은 20대, 엄마는 50대를 살아간다. 자식과 부모 모두 누군가에 의해 정해진 인생길을 가는 것이 아니라, 본인이 행복하다고 느끼는 삶의 노선을 선택하고 즐겼으면 좋겠다.

자녀교육

교육 현실에는 허와 실이 존재할 수 있다. '입시 위주, 주입식 교육'이라고 비판하지만, 본인만의 방향을 정해서 교육 전략을 세우고 실행하는 사람은 그리 흔하지 않다. 쉬운 과정이 아니기 때문이다. 솔직히 치열한 입시 경쟁의 교육 현실에서 자신만의 살아가는 경쟁력을 키우기 위해서는 누군가의 도움이나 갖추어진 환경, 혹은 최신 정보가 필요하다. 그 도움을 우리는 사교육에 너무 의지하고 있지는 않은지 냉철하게 점검해야 한다. 부모 주머니에서 자녀교육을 위한 지출이 어느 정도 발생한다고 해서 목표에 도달한다는 착각은 위험하다.

"내 아이가 공부하지 않고 시간을 낭비하는 모습을 도저히 옆에서 볼 수가 없어요. 이렇게 돈을 주고 사교육에라도 맡기면 마음은 편해지는 것 같아요!" 부모들에게 흔히 듣는 말이다. 이러한 부모 심리를 사교육 시장에서는 멋지게 정리해서 교육 프로그램을 선보인다. 그리고 좋은 부모라면 반드시 자녀교육에 이 정도 투자는 해야 한다고 강조한다.

대부분 부모는 자녀교육을 위해 비용을 지출하면서 효과적인 결과가 나올 것이라 기대한다. 아이 성적이 올라갈 때까지, 진학에 성공할 때까지, 졸업할 때까지, 취업할 때까지 그러나 정해진 기한이 없는 자녀교육으로 인해 부모의 노후 준비는 자꾸 다음으로 미루어지게 되는 것이 현실이다. 사교육에 상당한 비용이 지출된다면, 노후 준비가 힘들어지는 것은 당연하다. 그래서 흔히들 자녀의 인생은 부모의 경제적 수준에 의해 결정된다고들 한다.

어느 정도 부모의 경제력이 자녀교육에 영향력을 미치는 건 사실이지만, 사교육 시장이 너무 큰 위치를 차지해 버린 지금의 교육 현실을 비판적으로 바라볼 시기가 바로 지금이다. 우리나라 교육 현실을 좀 더 다양하게 바꿀 수 있는 부모 소신의 자녀교육 사례가 많이 필요하다.

수도권과 지방의 교육 격차가 점점 더 심해지는 상

황에서 중학교까지 서울에서 공부하고, 고등학교는 적성에 맞추어 시골로 방향을 정해 실천했다는 그 자체는 정말 보기 드문 자녀교육의 사례라고 확신한다. 물론 그 당시 아들은 중요하게 생각하는 친구와 헤어지는 경험을 했다. 사춘기로 가장 민감했던 시기에 새로운 곳에 적응해야 한다는 현실적 압박을 준 부모로서 아들에게 미안한 마음이 크다.

사춘기가 한창이었던 시기에 전혀 새로운 환경에서 공부해야 한다고 마음의 준비를 할 수 있었던 중학교 시간! 그 시간을 잘 보내준 아들이 정말 고맙다. 중3 여름 방학이 지나고 고등학교 진로를 결정해야 할 때, 아들에게 최종 의사 결정권을 넘겼다. 엄마가 힘들게 지방을 오가는 모습을 중학생 아들이 지켜보면서, 어떠한 진로 선택이 옳은 것인지 판단하라는 것은 부모로서 자식에게 가혹했을지도 모른다. 진로 결정의 순간, 아들이 서울에서 고등학교를 졸업해야겠다고 반대로 부모를 설득했다면, 나는 아마도 입시 경쟁을 위해 부모로서 고군분투했을 것이다. 하지만 어린 나이에도 불구하고 부모의 상황을 이해하는 아들 덕분에 고등학교를 경북에서 보내기로 했다.

중학교까지는 서울에서 다니고 싶다는 아들의 뜻을 소중히 여기고 3년간 준비하는 시간을 가졌다. 봉화에 있는 산림과학고 면접을 보기 위해 아들은 시험장으로 들어갔고, 학부모들은 도서관에서 대기하고 있을 때였다. 나는 도서관 컴퓨터 모니터 앞에 혼자 앉았다. 갑자기 감정적으로 울컥해지는 것을 느끼며 쏟아지는 눈물을 조절하지 못했다. 익숙했던 도시에서의 삶을 정리하고 시골로 고등학교를 보내는 부모의 미안한 마음이 주체할 수 없는 눈물로 표현되는 것이었다. 그 눈물의 의미를 아들도 알았을까?

고등학교 입학 후, 2년 6개월 만에 당당히 취업이라는 목표를 이룬 아들 덕분에 그동안 가졌던 불안함과 미안함이 고마움으로 바뀌었다. 자신의 인생에 책임을 질 수 있는 성인으로 성장시키는 것이 자녀교육의 목표가 아닐까? 10대의 아들이 당당한 사회인이 되었기에 이제부터는 나의 노후를 편안하게 준비할 수 있다. 노후 준비의 첫 단계는 이렇게 글을 쓰는 것이다.

부모의 미래를 준비할 수 있도록 일찍 기회를 준 아들! 정말 고맙다. 그리고 너를 아주 많이 사랑한다.

노후 준비

　인생을 뒤돌아보며 성찰해 볼 수 있는 기회를 가질 수 있도록 마음의 여유를 선물한 자녀가 있기에 중년이라는 지금 이 시기가 더욱 값지다. 지금까지는 해결해야 할 문제를 가지고 쉬지 않고 열심히 달려야만 살 수 있었다. 눈앞에 보이는 과제를 어떻게든 신속하게 잘 처리해야 한다는 마음으로 앞만 보면서 살았다. 20대는 학업을 마치고 사회생활을 시작하며 배우자를 만나 결혼을 했다. 30대는 아이를 낳아 육아와 동시에 만학도가 되어 대학원에 들어가 다시 공부를 시작했다. 40대에도 자녀 양육과 동시에 대학원 과정, 졸업 논문, 번역 등 다양한 사회생활을 했다. 온전히 인생을 성찰하면서 글을 쓴다는 것은 나와는 관계없는 세계라고 생각했다.

　살아온 세월을 뒤돌아보고, 앞으로 남은 인생이 얼마가 될지는 모르겠지만, 지금 순간을 행복하게 즐기며 시간을 보내고 싶다. 스스로 가치를 담은 중년 인생을 계획하고 싶다. 만약 지금부터 30년 인생을 더 살고 80이라는 나이가 되어 50대를 돌이킬 때, '정말 후회하지 않고 잘 살았구나!'라고 말하고 싶다.

인류 역사상 누리지 못했던 인생의 가장 긴 시간인 중년을 어떻게 하면 잘 보낼 수 있을까? 이것을 고민하면서 살아가는 것이 사치일까? 그동안 생존을 위해 열심히 살았기 때문에, 중년을 잘 보낼 수 있는 사색의 사치를 잠시 제대로 누려보는 것은 나만의 권리라고 생각한다.

누군가는 '뭐 그런 걸 생각해? 50이 되고 60이 되고 달라지는 건 크게 없는데 뭐가 그렇게 심각해? 그냥 살아가면 되는 거지. 하루 세끼 밥 잘 먹고 건강하게 사는 것이 최고야!'라고 말한다.

맞는 말이다. 무탈하게 사는 것이 평상시에는 모르다가 무슨 일이 생길 경우, 그 소중함을 알게 되는 경우도 많다. 하루하루 열심히 살다가 어느 순간 병이 나거나 사고가 나서 순식간에 이 세상에서 사라져 버릴 수도 있는 허무한 인생을 우리는 정해진 그 바퀴 속에서 의미 없이 살아가고 있지는 않은가? 80대를 살아가는 부모님이 옆에서 말씀하신다.

'시간이 정말 빠르게 지나간다. 너는 나처럼 나이 들지 않을 것 같지? 아니야 금방이야! 진짜 금방이야!'

생존을 위한 문제, 관계의 문제, 자아실현의 문제 등 그동안 잘 풀지 못했던 부분들을 긍정적이고 좋은 방법으로만 해결할 수 있다고 자신할 수는 없다. 그러나 지금까지와는 다른 방법으로 노후를 준비할 수 있는 시간과 기회를 기쁘게 맞이하고 싶다. 우선 그동안의 소비 패턴을 줄여 절약하면서 일상의 변화를 시도하리라. 과시적 소비보다는 내적 만족을 누리는 검소한 소비를 위해 약간의 불편함을 감사함으로 여길 것이다. 그렇다고 의식주 해결 방법에서 무조건 인색하게 절약하는 것이 아니라 인생에서 누릴 수 있는 나그네로서의 체험이라고 생각하고 조금씩 아끼고 줄여가는 방법을 찾아야겠다.

관계와 자아실현의 문제를 해결하기 위해서는 일단 여유의 시간이 있어야 한다. 그동안 성취 위주의 삶을 너무나 지향하며 살았기에, 자신을 돌보지 못했던 시간, 성급한 판단으로 결정한 후 쉽게 정리했던 인연과 일들을 돌이켜본다. 물론 그동안 서먹하게 지내던 사람들과 다시 잘 지내보자고 연락해서 친절한 척 연기할 수는 없을 것이다. 애써 관계를 회복하려는 시도 보다 오히려 가만히 있는 것이 더 좋을 수 있다.

어설프게 배려한다거나 용서한다는 이유로 평상시와는 다른 모습을 보이게 되면 상대방은 더 나를 거북하게 생각할 수 있다. 뭔가 숨겨진 욕망을 더 챙기는 가식적인 모습으로 보일 수 있기 때문이다. 우선 그동안 불편했던 대상이 진심으로 잘 되길 바라는 선한 마음부터 스스로 가지는 것이 중요하다. 그리고 누군가를 질투하거나 부러워하는 마음을 과감하게 걷어내자. 말 한마디 그리고 행동 하나하나 더욱 지혜롭게 해야겠지만, 그렇다고 위축되지는 말자. 나만의 행복한 중년 인생길을 상상하고, 조금만 유연성을 가지면서 당당하게 웃으며 살자.

앞으로 30년을 건강하고 행복하게 산다면, 80대 노후를 기쁘게 맞이하는 것이 얼마나 큰 축복일까? 50대를 누리기 위해 그동안 생각만 하고 실천하지 못했던 것에 도전하리라. 나이가 들면 노화로 인한 신체적 감각의 느림에 익숙해져야 하지만 후회할 수 있는 일들을 최대한 줄이고 느림의 미학으로 천천히 지혜롭게 기회를 찾으리라.

20대는 모든 면에서 안정되지 않은 불안한 시기였다. 그런 시기가 있었기에 작지만 뭔가를 이룬 중년의 시기가 존재하는 것이다. 어쩌면 반대로 중년의 시기에 더 불안감을 크게 느낄 수 있다. 일단 불안하다는 그 자체도 인정하고 받아들이자. 대신 불안 상태에 머물러있지는 말자. 부모 그리고 삶에서 경험했던 인생 경력 퍼즐을 나만의 방식으로 멋지게 맞추어야겠다. 시간과 공간을 잘 설계하여 천천히 차근차근 그리고 재미있게 작은 행복을 누리고자 한다. 이것이 10대 자녀를 일찍 독립시킨 못된 엄마의 노후 준비다.

노후 준비 1단계 : 점프 업 프로젝트

지금까지 살아온 시간 자체가 선물이다. 감사한 마음으로 자녀의 독립을 기념하는 동시에 50 인생을 정리하는 점프 업 프로젝트를 완성한다.

노후 준비 2단계 : 관심 있는 일을 찾아 좋은 스트레스로 삶의 활력 찾기

지금이 인생에서 가장 젊은 순간이다. 낭비할 시간이 없다. 그동안 하고 싶다고 생각했던 것을 지혜롭게 실천하자.

노후 준비 3단계 : 내가 가진 정체성의 색깔을 남아 있는 시간 속에 알록달록 채우기

이제 남들의 평가 기준은 중요하지 않다. 80세가 넘어 후회하지 않는 삶을 자신 있고 당당하게 살자

엄마가 아닌 나로 살기

1) 영어 스토리텔러

 쉬지 않고 경력을 쌓으며 사회생활을 했다. 관광경영학을 학부로, 조선호텔 인턴, 의류업체 영업주임, 영어 학원 강사, 그리고 30대 후반부터 만학도가 되어 평생교육학 박사학위를 취득해 대학교 시간강사와 겸임교수 등의 일을 했다. 지금은 머무르는 공간에서 가까이 위치한 아이사랑 안심케어센터 청소년 학습지도관에서 일하고 있다.
 청소년들은 누구나 학습동아리 형태로 출입할 수 있는 곳이다. 강의실, 댄스실, 쿠킹실 등 하드웨어가 갖추어져 있다, 이제 어떻게 하면 소프트웨어를 잘 운영할 것인가가 주어진 과제다. 청소년들이 자유롭게 꿈을 향해 담금질할 수 있는 공간에서 학생들에게 좋은 영향력을 미치는 사람으로 다시 새로운 일을 시작했다. 좋은 에너지를 공유하고 싶다.

나의 꿈은 영어책을 재미있게 읽어주는 할머니가 되는 것이다. 2010년에 어린이영어지도사 과정을 공부하면서 시작된 영어 스토리텔러 활동으로 '레베카의 엄마표 영어'라는 시민 강좌를 3년 정도 진행했다. 다양한 영어 교수법을 참여자들과 함께하면서 엄마표 영어학습 동아리를 했다. 엄마들이 아이들 앞에서 영어 그림책을 읽어주고, 지역아동센터 등에서 봉사활동도 했다. 자녀들과 함께 영어 자료를 준비하고, 영어 그림책 발표를 위한 모든 과정을 직접 체험할 수 있도록 노력했다. 아이들이 영어를 공부가 아닌 놀이와 생활로 먼저 접힐 수 있었다.

 영어 스토리텔러로 10년 전에 활동했던 자료와 활동 내용을 다시 꺼냈다. 아직 할머니는 아니지만, 영어 스토리텔러로 활동을 시작했다. 두 달 정도 진행했는데 아이들과 학부모들의 반응이 나쁘지 않다. 영어 동아리가 재미있다고 좋아하는 것이 1차 목표다. 수업의 주차가 거듭될수록 아이들이 영어를 표현하는 모습에서 점점 자신감을 가지고 변화에 감동하고 있다. 영어 공부를 거의 처음 시작하는 초등 저학년 학생들에게 '그래! 영어는 일단 자신 있게 표현하면서 재미있다고 느끼는 것이 최고야!' 눈빛으로 외치며 아이들과 시간을 보낸다. 스토리북(Story Book)을 활용해서 그림을 그리고, 춤추고, 노래하면서 영어가 지겨운 공부라는 거부감을 가지지 않도록 하는 것이 2번째 목표다. 그리고 3번째 목표는 행복한 에너지를 함께 느끼는 것이다. 어린이들의 순수함을 바라보며 즐겁게 함께 하는 동아리! 함께 웃고, 긍정의 에너지를 느낀다.

영어는 노출되는 시간이 중요하고, 꾸준하게 근력을 키워가듯 생활 속에서 표현하는 언어다. 영어를 처음부터 평가를 위한 문법 위주로 공부하게 되면, 흔히 말하는 영어 울렁증에 시달릴 수 있다. 영어가 사대주의 사상에 눌려 평가하는 과목이 아닌 제2외국어로 음악, 미술, 체육과 접목하여 놀이와 게임을 하듯 생활 속에서 즐길 수 있으면 좋겠다. 문학적 가치가 높은 영어 그림책을 아이들에게 재미있게 읽어

주고, 그 과정에서 문화와 예술을 배운 아이들은 후에 더 많은 것을 표현할 수 있는 인재로 성장할 것이다. 특히 시골에서는 영어 공부를 시키고 싶은데 그 방법을 몰라 기회와 시기를 놓치는 경우가 많다. 아이만 따로 영어 공부를 위한 기관에 보내는 것이 아니라 엄마들과 함께 영어로 놀자는 취지로 작은 사례를 함께 만들고 있다.

학습관에서 함께 일하는 김주연 선생님의 입소문 덕분에 영어 동아리 모집이 당일 마감되었다. 영어교육에 관심이 있는 학부모들과 함께 그리고 재미있게 아이들과 영미 문화를 책으로 접하면서, 다양한 학습 활동에 참여하는 동네 이웃들이 있어서 참 좋다.

"레베카 선생님! 요즘 우리 아이가 자기 전에 영어로 즐겁게 말해요! 제가 시킨 것도 아닌데, 정말 신기해요. 두 달 정도 영어 스토리텔링 수업에 참여했는데, 그날 배운 문장도 잊지 않고 자주 말해서 기특하고 예뻐요. 정말 신나게 영어를 접하는 거 같아 너무 신나요!"

영어책을 함께 읽은 후, 춤도 추고, 그림도 그리면서 관련된 게임도 즐긴다. 아이들과 긍정 에너지를 영어라는 도구로 교환하는 것이 지금의 선물이다.

2) 수다를 즐기는 진로 상담가

우리는 정말 하고 싶은 것을 몰라서 불안감을 느낄 수 있다. 그래서 직업상담 카드로 다양한 연령대의 내담자들과 하고 싶은 일에 대하여 수다를 떨기로 했다. 해 보고 싶은 일을 떠올리며 관련 직업을 찾아보는 것이다. 본인의 성향에 따라 어떻게 구체적으로 준비해야 하는지 정보를 교환해 본다. 미래의 시간을 좀 더 긍정적으로 어떻게 보낼 것인지 생각하며 현실의 시간을 소중하게 관리할 수 있기 때문이다. 흔히들 영국 작가 조지 버나드 쇼의 묘비명을 인용해 '우물쭈물하다가 내 이럴 줄 알았다.'라고 말한다. 원문은 '**I knew if I stayed around long enough, something like this would happen.**'이다. 2006년 우리나라 한 통신회사의 마케팅 부서에서 이 문장을 번역했던 것을 지금까지도 사람들이 자주 인용하고 있다. 이 문장의 번역 내용 중 어느 부분이 옳고, 그른 것을 언급하고 싶지는 않지만, 분명히 어떤 부분을 강조해서 해석했다는 것을 알 수 있다. 누군가 표현한 문장이 유행한다는 이유로 진정한 속뜻을 깊이 생각하지 않고 그냥 들은 내용 그대로 사용하고 있지는 않을까?

이렇게 자신을 바라보는 시각도 어느 한 관점으로만 계속 바라보고 믿고 있지는 않은지 가끔은 스스로 진단하고 점검할 기회가 필요하다. 나이가 들수록 더욱 자신만의 생각이 강해질 수 있으니 본인을 바라보는 다양한 시각과 유연함에 인색할 수 있다. 가벼운 일상을 나누는 수다도 좋지만, 서로를 진단해 주고 자신의 또 다른 면을 발견할 수 있는 시간을 허락해 보는 것이다. 그래서 내가 가끔 즐기는 수다는 진로 상담가로서의 친구 역할이다. 진로와 학습 방법을 고민하는 10대, 취업을 준비하는 20, 30대, 그리고 비슷한 나이의 중년층 등 직업상담 카드를 가지고 인생 고민을 나누는 것도 삶의 큰 활력이 되고 있다.

다문화 가정의 초등학교 6학년 여학생에게 다양한 직업을 알려주었다. 본인이 미래에 하고 싶은 직업을 선택하게 하여 앞으로 무엇을 어떻게 공부해야 하는지 고민하는 시간을 가졌다. 처음에는 낯설고 경계하는 눈빛이 점점 호기심으로 변해갔다. 학습관에서 만난 이 어린 학생은 미래에 준비할 수 있는 긍정의 에너지를 품게 된 것이다. 어릴 적 활기차게 공부도 열심히 하고 뭐든 자신감을 가지고 표현하던 그런 당찬 모습을 다시 회복하길 바란다. 진로 상담가로서 학생의 학습 동기를 이끌어 꾸준히 지켜봐 주는 시간은 삶의 가치를 느끼게 한다.

학교 마치면 수시로 드나드는 초등학교 4학년 남학생이 있다. 이 학생을 어떻게 하면 따뜻한 마음으로 배척하지 않고 받아들일 수 있을까? 이 학생에게는 학습이 아닌 치유와 돌봄, 그리고 사랑과 관심이 필요하다. 공적인 관계에서 어느 선까지 지혜롭게 온유함을 베풀 수 있을지가 새로운 업무가 되었다. 우선 진로 적성 검사를 해서 미래에 하고 싶은 꿈을 찾도록 도와주었다. 그리고 간단한 규칙을 정해 학습관에 오는 시간을 정해서 다른 업무와 사람들에게 방해가 되지 않도록 부드럽게 개입했다. 심리적 집중 상담이 필요할 것 같아 관련 기관에 연락해서 도움을 요청하고, 학부모와도 연락했다. 그 학생에게는 어른들의 따뜻한 관심과 사랑이 필요했기 때문이다. 건강하게 자라나 지역의 한 사람으로 살아가길 바라는 마음이다. 한 아이라도 마을에서 함께 키우는 일에 동참하는 것에 보람을 느낀다.

3) 가톨릭 상지대 겸임교수

2021년부터 가톨릭 상지대 경영학과에서 겸임교수로 활동하고 있다. 2014년 평생교육학을 박사학위로 졸업하고, 2018년 기술창업 박사를 수료했다. 열심히 이것저것 공부한 듯 보일 수 있지만, 전공에 대한 정체성이 불명확하다. 그동안 무엇을 쫓으며 살았는가? 무엇을 위해 그렇게 열심히 시간을 보냈을까? 그동안 열심히는 살았지만 잘 살았다고 할 수 있을까? 건강관리, 가족, 친구와의 관계 등 소소한 시간을 보내는 것에 인색했다. 열심히 무언가에 빠져 시간을 보내면 그것이 최고의 삶이고 잘 사는 것이라 착각했다. 이제부터는 무조건 열심히 살기보다는 따뜻한 마음을 함께 공감하며 시간을 보내고 싶다.

어느 봄날, 스트레스가 심해 컨디션이 매우 좋지 않을 때, 상지대 어느 한 여학생이 다가와 내가 자신의 인생의 롤모델이라고 말했다. 쉬지 않고 달렸으니 이력서에 나를 소개할 내용은 어느 정도 있는 것처럼 보일 수 있다. 이력서란 스스로 시간을 이렇게 사용했다는 확인서다. 살면서 누군가로부터 '당신이 내 인생의 롤모델'이라는 소리를 들을 수 있다는 것은 행운이다. 가톨릭 상지대에 대니는 50대 만학도 여성은 공부를 시작하면서 삶에 더욱 활기를 찾았다고 했다. 어느 날 제자 남편분께서 "우리 여대생 멋지다!"라며 학교 가는 길을 응원해 주었다고 한다. 50대에 여대생이라는 말을 들으니 순간 기분이 좋았다고 하는 모습에, 진정한 삶의 가치를 실천하는 실행력에 감동이 느껴졌다. '이렇게 보람된 강단에 서기 위해 그렇게 열심히 시간을 보냈구나' 싶다. 학생들을 가르치고 교육자로 살아간다는 것, 정말 매력적인 삶이다.

나는 과연 어떤 진정성과 전문성을 가지고 학생들과 함께 할 수 있는 교수자가 될 수 있을까? 학습자가 누구냐에 따라 그가 가진 능력이나 역량을 파악하고 한 단계 한 단계 발전할 수 있도록 도와주는 사람! 상황에 따라 상담가, 멘토, 코칭, 혹은 컨설턴트로서 좋은 에너지를 나누고 싶다. 그 과정을 준비하는 기회 덕분에 다시 공부할 수 있어서 좋다. 학생들을 만날 수 있는 가톨릭 상지대 겸임교수로 활동하는 것은 인생의 행운이자 선물이다.

나의 자화상

심신을 위한 여유를 행동으로 실천하기

 인생에 주어진 숙제는 쉬지 않고 열심히 달려야만 끝낼 수 있다고 생각했다. 눈앞에 보이는 과제를 어떻게든 신속하게 잘 처리해야 한다는 마음으로 앞만 보면서 달렸다. 20대는 학업을 마치고 사회생활을 시작하며 배우자를 만나 결혼을 했다. 30대는 아이를 낳아 육아와 동시에 만학도가 되어 대학원에 들어가 공부했다. 40대는 가정을 돌보면서 다양한 일을 찾아 대학원 과정과 졸업 논문, 번역, 그리고 보고서 작업을 했다. 온전히 인생을 성찰하면서 글을 쓰기에는 여유가 없었고 그것은 사치라고 여겼다.

 잠시 인생의 쉼표를 찍어야겠다. 앞으로 남은 인생이 얼마나 될지는 모르겠지만, 진정 행복했던 때가 언제였는지 되돌아볼 여유가 필요하다. 시간에 떠밀려 어쩔 수 없이 살아가기보다는 가치를 담은 인생을 살고 싶다.

 중년의 시기를 맞이하는 나를 위해 불안한 감정에서 빠져나와 다시 어떤 도전을 할 수 있다는 희망을 이렇게 글로 표현하는 기회는 인생의 정말 큰 선물이다.

 그동안 먹고 사는 문제를 해결하기 위해 많은 에너지를 쏟았다면, 지금부터는 앞으로의 삶을 잘 보내기 위한 사색의 사치, 그것을 누리면서 나의 에너지를 전환하고 싶다. 어떻게 하면 진정한 내 삶을 살 수 있을까?

 앞으로 30년을 건강하고 행복하게 산다면, 80대라는 노후를 기쁘게 맞이할 수 있을 것이다. 나이가 더 들게 되면, 지금보다 노화로 인한 신체적 감각의 느림에 익숙해져야 한다. 하지만 80대가 되었을 때 '그때 그렇게 했었어야 했는데....'라고 후회하는 일들을 최대한 적게 만들고 싶다. 부모로서의 경험과 만학도의 삶 등의 경험으로 인생의 경력 퍼즐을 맞추어 나가야겠다.

내게 찾아온 변화를 담대히 받아들이기

몇 달 전, 그동안 다녔던 직장생활을 정리했다. 하루 2시간 출퇴근을 위한 운전과 업무 관계에서 오는 스트레스가 점점 심해져서 몸에 이상 증상이 나타났다. 앞으로 건강하게 살려면 과감한 변화를 시도해야만 했다. 변화를 위한 두려움도 밀려왔지만, 그 변화를 담대하게 맞이하고자 한다. 그래서 몇 달간 쉬는 시간을 가졌다.

쉬는 동안에도 몸은 편했지만, 마음은 점점 불편해졌다. 적어도 생활비는 벌어야겠다는 강박관념이 밀려와서 불안감을 느꼈다. 이러다 정말 일이 없어지면 어떻게 하지? 프리랜서로 활동을 많이 하는 사람들의 흔한 걱정이다. 하지만 쉬는 시간이 있어야 더 멋진 도약을 할 수 있다고 스스로를 위안 삼았다. 그동안 즐기지 못했던 독서, 운동, 낮잠, 지인과 연락하기, 산책하기 등 여유를 가지려 노력했다. 하나의 문이 닫히면 또 다른 새로운 문이 열릴 것을 기대하며 온전하게 비움의 시간을 누리는 것이다. 불안한 마음도 밀려오지만, 일상의 변화를 편안하게 받아들이고자 했다.

그동안 거주지라고 하면, 상권이 잘 잡힌 도심의 아파트에서 사는 것을 생각했다. 우리나라 면적 17% 정도가 도시를 형성하면서. 그 도시에서 사는 인구는 90%가 넘기 때문에 나도 평범함 사람이라 아파트를 선호해 왔다. 이제부터는 조금 색다른 곳에서 주거를 위한 공간의 변화를 시도해 보기로 했다. 개인적인 경제적 상황과 주변의 편의 시설 정도를 고려해 살기 위해 편안한 곳을 물색해 보았다.

오랫동안 익숙했던 곳을 벗어나 새로운 곳으로 여행을 가고 싶다는 생각을 실천하고 싶었기 때문이다. 일정을 정하지 않고, 편안하게 머물 수 있는 새로운 시간과 공간을 꿈꾸어 왔다. 한동안 머물렀던 거주지를 떠나 새로운 곳으로 이동하여 지내는 것! 그것을 바로 여행이라 생각하고 시도하기로 했다. 인생은 결국 긴 여행이 아닐까? 여행을 위해 정확한 계획이 없어도 그동안 하고 싶다고 생각했던 것을 더 시간이 흐르기 전에 한번 해 보는 것이다.

 그래서 100년 전에 만들어진 적산가옥에서 한동안 지내보는 것을 선택했다. 옛날 집이라 입구가 작아 기존 짐들이 다 들어갈 수 없었다. 공간이 바뀌게 되면, 불필요하다고 생각했던 것들을 버리고 단순하게 만들 수 있으리라 기대하면서 많은 가구와 짐을 정리했다. 공간이 좁으니 무언가를 채우려는 소비 심리가 많이 사라졌다. 앞마당은 소소하게 작은 텃밭을 가꿀 수 있고, 뒷마당은 야외 서재로 만들어 본다. 규격화된 아파트를 벗어나 작지만 재미있게 지낼 수 있는 곳! 꼭 필요한 것으로만 채울 수 있는 작은 집에서 여행하듯 살고 싶다.

 마치 여행지에서 얼마간 머물 수 있는 분위기로 공간을 연출해 본다. 대부분 여행을 위해서는 단기간 정해진 일정에 따라 이동하면서, 새로운 음식과 장소를 접하기 위해 어디로든 떠나야 한다. 내가 하고 싶은 여행은 장소와 시간의 한계를 뛰어넘는 것이다.

삶의 변화를 즐기기 위한 여행! 마치 어떤 분야의 예술가처럼 그 상황을 최대한 나의 것으로 만들기로 시도해 본다. 그 이유는 30년 정도 세월이 지나 좋은 추억으로 기억할 수 있는 인생 시간 여행을 나에게 선물하기 위함이다.

에필로그

처음부터 못된 엄마가 되려고 하지는 않았습니다.

지나간 시간을 돌이켜보니 제가 못된 엄마였다는 것을 알았습니다. 세상에 태어나서 엄마라는 존재로 살아보는 것은 축복이고 행운입니다. 결혼 후 자식이 생기지 않아 포기할 시기에 인생의 선물처럼 찾아온 소중한 생명을 허락해 주신 주님께 감사드립니다. 욕심을 버리고 선한 마음을 가지려 할 때, 주님은 언제나 제가 마음속에 품고 있던 것을 주셨습니다. 그 생명을 통해 세상살이에 필요한 사랑을 배우고 실천했습니다. 세상의 중심이 나라고 생각했는데, 자식은 나 자신보다 더 소중한 존재라는 것을 알았습니다. 그 자녀가 본인의 인생을 스스로 책임질 수 있는 독립의 시기는 더 큰 축복입니다. 그 시간을 준비할 수 있었던 모든 과정 또한 큰 은혜입니다.

이제 이 아이가 자라 성인이 되어 그동안 받은 사랑을 나눌 수 있도록 주님께서 인도해 주실 것을 믿습니다. 세상을 향해 나아갈 때, 겸손의 의미를 알고 담대하게 살아갈 수 있도록 등불이 되어 주소서.

살면서 원하는 대로 이루어진 일보다 좌절감을 느껴야 했던 경우가 더 많았습니다. 무언가를 내세우고 싶을 때, 오히려 볼품없는 바닥이 드러날 때가 많았습니다. 그래서 계획했던 일이 틀어지면, 불평을 쏟아내고 내 탓이 아닌 남의 탓으로 돌렸습니다. 이제부터는 욕심을 내어 더 가지려는 마음, 누군가를 시기하고 질투하여 바꿔보려는 마음을 내려놓고, 인생의 비어있는 공간을 주님을 바라보며 채우겠습니다. 제가 담을 수 있는 질그릇에 가장 소중한 것이 무엇인지를 먼저 살피겠습니다. 나중에 시간이 다 되어 그 소중했던 것을 담지 못했다고 아쉬워하지 않도록 진솔하게 살겠습니다.

평범한 일상을 감사히 여기고, 그 속에서 행복을 찾겠습니다. 평범한 것들을 통해 영적인 아름다움을 만들어 내시는 주님을 찬양합니다.

마음이 가난한 자는 복이 있나니...
마 5:3

참고문헌

이경화, 최윤주(2014). 창의적 리더십_변화를 이끄는 기술. 학지사

이보미, 임문영(2023). 혁신적 학교풍토 및 교육성과 변화에 관한 사례 연구_특성화고 혁신지원사업을 중심으로. 교육행정학연구, 41(1), 143~168.

감사의 글

 가장 감사하고 소중한 사람은 바로 아들의 아빠이자 남편입니다. 서울에서의 삶을 정리하고 농부로 땅을 일구며 성실히 살아가는 모습에 감사할 뿐입니다.
 벌써 성인이 되어 버린 사랑하는 아들과 가족의 뿌리인 시댁과 친정 부모님, 책이 언제 완성되느냐고 늘 관심 가져 주신 가톨릭 상지대 교수님들과 학생들, 예천군 소속으로 지금 일할 수 있도록 기회를 주신 분들, 글을 쓰는 동안 가장 큰 위로와 에너지를 준 염희옥 대표님, 언제나 기도로 응원해 주시는 예천교회 김영수 목사님과 사모님, 성도들, 방배동 하나 교회와 삼호 교회, 함선남 집사님 목장 식구들께, 그리고 추천의 글을 작성해 주시며 큰 응원을 보내주신 교수님들, 경북의 혁신적인 교육 변화를 위해 노력하시는 김현광 과장님, 책 제목을 위한 아이디어를 주신 이성회 박사님과 디자인 관련 조언을 주신 최현준 작가님께도 감사의 마음을 전합니다.

제가 글을 마무리할 수 있었던 이유는 주님의 축복과 은혜임을 고백합니다. 하나님께 모든 영광을 돌립니다.

사랑합니다!